普 天 之 下 · 盡 是 好 書

普天出版家族 Popular Press Family

淩雲 A Plus Creative Company 文創

做人靠手腕，做事靠手段

摸清對方的心理，做事才會更加順利

Find out the other person's psychology and do things more smoothly.

莎士比亞曾經寫道：

想要成功，就必須在對的時機做對的事，
就像船要出海，必須趁著漲潮的時候。

確實如此，活在這個人人都絞盡腦汁想要出人頭地的時代，想讓自己快速獲得成功，做人做事除了要比別人努力之外，更必須及時調整自己的思考模式與行動準則。要讓腦袋適時轉彎，該用手腕的時候就運用手腕，該靠手段的時後就施展手段。不知道審時度勢，不知道做人做事訣竅的人，永遠不可能是人生戰場的贏家。

【出版序】

你不能不知道的生存厚黑法則

從來沒有一個世紀是愚騃無知之徒的世紀——他們充其量不過是任由豺狼宰割的羔羊；他們想擁抱時代，時代卻無情地吞噬、遺棄、嘲弄他們。

想在競爭激烈的社會存活，你必須學會一些生存智慧；想在社會出人頭地，你更需要一些厚黑心機。

就本質來說，智慧和厚黑的內容是相同的，只不過是同一種應對模式的正反說法，岳飛用的時候，我們稱之爲智慧，秦檜用的時候，我們叫它厚黑。

古往今來的歷史經驗與生活教訓告訴我們：成功的秘訣就是智慧。唯有智慧才能使人脫胎換骨，也唯有智慧才能改變人生！

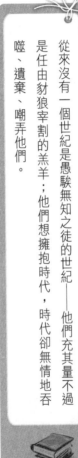

諸葛孔明向來被視爲智慧的化身，英姿煥發，才智溢於言表，手執羽扇頭戴綸巾，談笑間敵艣灰飛煙滅，何其瀟灑自如！他靠的是什麼？答案是智慧。

《西遊記》中的齊天大聖孫悟空護送唐僧前去西天取經，歷經九九八十一難，上天入地，翻江倒海，橫掃邪魔，滅盡妖孽，何其威風暢快，激動人心！貫穿整部《西遊記》的是什麼？答案還是智慧。

許多世界知名將領身經百戰，洞察敵謀，所向披靡，締造一頁頁傳奇。他們何以能叱吒風雲，在險惡的戰場屢建奇功？靠的還是鬥智不鬥力的智慧。

拿破崙橫掃歐洲大陸，如入無人之境；愛迪生一生發明無人能出其右，廣爲世人稱道，原因都在於他們懂得搭建通向成功的橋樑，擁有打開智慧寶庫的鑰匙。

當你前途茫茫、命運乖舛，輾轉反側卻不得超脫的時候，你需要智慧；當你面臨群丑環伺，想要擺脫小人糾纏之時，你需要智慧。

在你身陷絕境，甚至大禍迫在眉睫之際，想要化險爲夷、反敗爲勝，你需要智慧；在你萬事俱備只欠東風的時候，如何把握機稍縱即逝的良機，你需要智慧。

在你身處險境、危機四伏時，想躲避來自四面八方的暗箭，你需要智慧；在你春風得意馬蹄疾揚的時候，如何不致中箭落馬，更需要智慧。

在十倍速變化的新世紀裡，古人所說的「離散圓缺應有時，各領風騷數百年」景況將不復出現，一個人的影響力、穿透力至多只能維持數十年。我們當中，只有極少部分的人能靠著智慧和不斷自我砥礪，而獲得通往成功的通行證，絕大多數的人都將繼續在失敗的泥沼中跋涉，最後慘遭時代吞噬。

更殘酷地說，從來沒有一個世紀是愚騃無知之徒的世紀——他們充其量不過是歷史煙塵中庸碌的過客，或者任由豺狼宰割的羔羊；他們想擁抱時代，時代卻無情地吞噬、遺棄、嘲弄他們。

無疑的，二十一世紀是智者通贏的世紀，我們既面臨空前無情的挑戰，同時也面臨曠世難遇的機遇。

失意、落敗、悲哀無可避免地會降臨在那些愚騃懵懂、懦弱無能的人身上，這些人將成爲時代的棄兒，被遺棄在歷史的垃圾堆。

成功的機遇則會擁抱那些充滿智慧、行事敏捷、勇於進取的人；唯有這些人方能成爲時代的驕子，分享新世紀的光輝和榮耀。

洛克維克曾經寫道：「狼有時候也會保護羊，不過，那只是為了便於自己吃羊。」

在這個誰低下脖子，誰就會被人當馬騎的年代裡，如果想要在競爭中生存下去，就要具備厚黑的智慧，既要通曉人性的各種弱點，又要懂得運用爲人處世的技巧。

本書要教導讀者的，就是在人性叢林中成功致勝的修身大法。

內容包含兩個層面，一是自我素質的快速提昇，透過吸收書中列舉的借鏡與知識，累聚各式各樣必備的智慧，增進自身的涵養；一是徹底摸清人性，修習爲人處世的技巧，運用機智、適當的手腕，適時發揮本身所具備的才能。

這兩者正是獲得成功的最重要因素，也是決定性的因素。

如果你不想淪爲時代的棄兒，如果你不想繼續在失敗的泥沼中寸步難行，那麼，本書無疑將是你不可或缺的人生重要讀本。

出版序　你不能不知道的生存厚黑法則

PART 1 做個聰明的老實人

做人應當誠實正直，不要有害人之心，不過，防人之心也不可無，畢竟人的心思是很難讀懂的，必須提防別人口蜜腹劍的算計。

推測動機，便能佔盡先機／014
做個聰明的老實人／018
製造玄機就能化解危機／023
想出更好的致勝方程式／028
清楚看見小人的計謀／033
不拘小節，人才才會鞠躬盡瘁／037
做人千萬不要強出頭／041
識時務才能開創人生版圖／045
虛心接受別人的建議／048

PART 2

你的情義只是別人的工具

一旦被情義這頂大帽子套牢，就會被別人牽著鼻子走，失去了自我，這樣的情義只是一廂情願的自我折磨，又有什麼價值和意義？

別讓自己成了別人的踏腳石／054
忍讓，是為了主宰自己的人生方向／058
你的情義只是別人的工具／061
天真過頭，小心大難臨頭／065
拍馬屁是人際關係的潤滑劑／069
要送禮，先摸清對方的習性／072
投其所好是人際交往的手段／076
在混亂中看見自己的機會／080
主動爭取才能見到生機／085

PART 3

以柔克剛，才不會兩敗俱傷

以剛克剛，容易落得兩敗俱傷，面對剛烈之人，更應以己之長克其之短，而不是硬碰硬，推向玉石俱焚的危險態勢。

懂得低調，才是明哲保身之道／092

以柔克剛，才不會兩敗俱傷／096

保持不亢不卑的應對／099

保持警戒就不會鬆懈／103

想成大器，就不要用情緒處理問題／107

學會低頭才不會撞得滿頭包／111

適時把權力分配給下屬／115

領導者要有自我反省能力／118

收放自如的領導藝術／122

PART 4

為自己營造聲勢，就能創造優勢

人為即是天意，無論是陳勝、趙匡胤，還是歷史上其他風雲人物，都是靠著自己營造聲勢而領盡一時風騷。

讓對手摸不清頭緒，就能達成目的／126
為自己營造聲勢，就能創造優勢／130
創造情勢，就能扭轉劣勢／133
忍一時之氣能讓你化險為夷／136
忍耐是為了成就更大的目標／140
說得出口就要真的動手／143
廢話太多不如不說／147
先培養實力，再等待時機／151
用自信爭取你應得的權利／154

PART 5

自作聰明，小心惹禍上身

人可以沒有大智慧，但是絕對不要亂耍小聰明，否則就會步上楊修的後塵，為自己招來禍害，死得不明不白。

用人不疑的領導態度／158
領導者要有放手一搏的氣魄／161
要讓私心變得名正言順／164
自作聰明，小心惹禍上身／168
懂得變通，才會成功／171
出奇制勝，才是成功的捷徑／175
你是老闆不是總管／178
用人不疑，疑人不用／184
怪別人，當然比怪自己容易／187

PART 6

見機行事就能創造優勢

懂得見機行事，就能創造自己的優勢；只要能夠隨機應變，適時以退為進，就能創造無限商機。

對人用心就能得到人心／192
見機行事，就能創造優勢／195
費盡全力不如借力使力／199
待人寬厚，才能獲得真正的支持／203
藉機分辨身邊的忠臣和奸人／207
以靜制動，別太衝動／213
了解行為背後的真相／217
握手的動作也可以判斷性格／223

PART 7

為自己選擇，一個最好的跳板

就像古時候封建貴族們擁有自己領地和城池一樣，你也應該為自己好好地挑選一個有利的戰鬥位置，才能據此「攻城掠地」。

腳踏雙船最安全／230
接近深具潛力的上司／234
設法讓同事對你又敬又畏／237
踩著同事的肩膀往上爬／240
為自己選擇一個最好的跳板／243
小心成為被封殺的對象／246
別帶著有色眼鏡看人性／249
利用「共通點」拉近彼此的距離／252

01

做個聰明的老實人

做人應當誠實正直，不要有害人之心，
不過，防人之心也不可無，
畢竟人的心思是很難讀懂的，
必須提防別人口蜜腹劍的算計。

推測動機，便能佔盡先機

要搶在對手行動前就估算出他的想法，最重要的一點，便是猜測對方的動機，明白之後再細細加以策劃，並且一步步確實執行。

《孫子兵法．九變篇》說：「是故智者之慮，必雜於利害，雜於利而務可信也，雜於害而患可解也。」

聰明的人在考慮問題、制定謀略的時候，一定要兼顧利與害這兩個方面。既要充分考慮到有利的方面，同時也要考慮到不利的一面，保持清醒的頭腦。

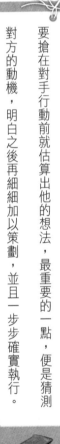

中國有句諺語：「智為謀之本，謀為智之策。」

第一流的智者，能夠料事如神。尤有甚者，在身死之後尚能留有餘威，穩控局勢，諸葛孔明無疑便是一個家喻戶曉的典型。但早在戰國時期，還有一個人也同樣能做到死後逞威，讓殺害自己的兇犯自投羅網，爲自己報大仇。

這個人，就是戰國時代大名鼎鼎的說客，身佩六國相印的蘇秦。他不僅嘴上功夫了得，權術之精，識見之遠，心計之深，更是一般人遠遠不能及。

蘇秦先是在趙國當相國，在位期間為了防止強大的秦國進攻，採取「激將法」，將自己的昔日同學、才能不下於他的張儀激到秦國。張儀拜見秦王後，一番策論說得秦王心服口服，馬上奉為上卿。

此時，張儀身邊某個一直陪伴並接濟他的人才表明身分，說自己乃是蘇秦的門下客，蘇秦這麼做無非是為了激發他的上進心。張儀感激得涕淚俱下，決心奮盡平生之力阻止秦王攻趙，秦趙兩國因此有了長達十五年的和平。

此後，齊魏兩國合兵攻趙，蘇秦的六國合縱抗秦計劃以失敗告終，於是跑到北方的燕國；在燕國待不了多久，再度舉家南下出走齊國。他的一番言談，令齊王佩服激賞不已，於是奉為上賓，給予極豐厚的封賞。

誰知陰陽逆轉，禍福相乘，蘇秦的得意受寵卻激起了齊王身邊大臣的不滿，對這位後來居上者感到無比嫉妒，於是不惜重金聘請刺客，趁蘇秦不備將其刺成重傷，兇手則逃之夭夭。

齊王得知蘇秦被刺，急忙趕來探望，蘇秦見到齊王，便囑咐道：「等我死後，您便宣告天下，說我是燕國的奸細，此行正為顛覆齊國而來，並且，選個熱鬧日子在鬧市上把我五馬分屍，順便連家人也統統趕出國境。這時刺客便會迫不及待跳出來討賞，到時您再把他殺掉，為我報仇便是。」

見齊王含淚應允，蘇秦終於嚥下最後一口氣。

齊王回去後，便一一按照蘇秦的吩咐進行。

他命人即刻宣告天下，說蘇秦本來是燕國派來的奸細，罪該萬死，不知是哪位壯士所為，替天行道，齊王將重重有賞。

刺殺蘇秦的兇手看到公榜後，樂不可支地跑到朝廷來領賞，誰知得意洋洋的他不但沒領到賞金，反而讓腦袋搬了家。

同時，在兇犯的招供下，幕後主謀也一一落網，受到了懲罰。齊王依著蘇秦的最後一計，完美俐落地替他報了殺身之仇。

蘇秦的「最後一計」，很高明地示範了料敵機先的絕妙本事，讓人不得不爲其深謀遠慮感到嘆服，智者之名，當之無愧。

要搶在對手行動前就估算出他的想法和做法，最重要的一點，便是猜測對方的動機，明白動機之後再細細加以策劃，並且一步步確實執行，如此一來，局勢的演變一定不出預料。

擬定策略講究的是準確估量敵情，如此才能贏得最終勝利。這一點，遠在戰國時代的蘇秦便已經爲我們做了最完美的示範。

做人靠手腕，做事靠手段

告訴別人你的決定，但不要告訴他理由，你的決定有可能是對的，但是理由通常是錯的。

——法莫瑞

做個聰明的老實人

做人應當誠實正直，不要有害人之心，不過，防人之心也不可無，畢竟人的心思很難讀懂，必須提防別人口蜜腹劍的算計。

法國大文豪大仲馬曾經這麼說：「上帝限制了人的成功力量，但卻給了人算計別人的心機。」

正因爲如此，一個精明的人，若想在做人或做事之時不遭人算計，就不能盲目信任別人，因爲，你以爲的那些好人，不一定就是好人！有時候，外表和善的人，其實才是最奸詐狡猾的。

古人一再提醒我們：「防人之心不可無」，強調與人合作或共謀時，在尚未熟悉對方的確實情況之前，千萬要小心謹慎，不要讓自己過度地暴露個人心思，這樣才不會被有心人利用，讓自己陷入危機之中。

總而言之，就是要設法做個聰明的老實人。

唐高宗死後，武則天開始垂簾聽政。為了順利得到天下，並壓制宗室大臣的不服與反抗，在東門設立「銅匭」，下令如果發現任何圖謀不軌的情況，都可以用密函的方式，將信件扔進銅匭，只要密報經查證後確實無誤，告密者便可以得到封官晉祿的獎勵。

當時有位胡人李元禮，便是因告密成功，獲得了游擊將軍的官銜。

其他像是尚書都事周興、來俊臣等人，見狀也紛紛效法，競相羅織他人的罪名，讓自己的官運扶搖直上。

在這些人當中，以周興最為機敏狡詐，當時他豢養了一批專門告密的地痞流氓，每當他想陷害某人時，便會命令這些流氓前來告密，然後弄假成真。

為了逼供，周興挖空心思製造了一系列令人不寒而慄的刑具，還將這些刑罰取了一些好聽的名目，如定百脈、突地吼、鳳凰曬翅、仙人獻果、玉女登梯……等等。

受審的嫌犯一看到這些「別出心裁」的刑具，早就被嚇得魂飛魄散，無不立即招供，以免受罪煎熬。

然而，風水輪流轉，這天周興居然被人告密了，說他串通其他人試圖謀反，蓄意奪權，武則天對此事甚為重視，立即指派來俊臣審理此案。

曾與狼狽為奸的來俊臣深知，周興是憑著告密用刑起家的，想要讓他老實招供並不是件容易的事。

於是，他先邀請周興一同飲酒，席間不斷地稱讚周興，鬆懈他的心理防衛，最後向他請教：「周兄，我最近碰到了一個十分狡猾的犯人，各種刑具我都用過了，他就是不肯招供，不知道你願不願意教我幾招？」

已經被來俊臣捧得飄飄然的周興，不知其中有詐，不假思索地對來俊臣說：「老弟，我跟你說，如果你把這個狡猾的囚犯放入一個大甕，然後架在火上烘烤，你想他招或不招？」

來俊臣一聽，樂得拍手稱妙，立即派人搬出來大甕，並架起柴火。

周興一看這陣仗，原來的好氣氛都被弄壞了，不悅地問：「老弟，難道你要在這裡審訊犯人嗎？」

只見來俊臣笑著命人撤去殘席，接著拿出武則天的敕文，板起臉孔對著周興說：「請君入甕吧！」

果然，周興還未置身大甕，便馬上招供。

雖然這是則發生在唐朝的歷史典故，然而，卻是做人做事上常用的厚黑謀略，必須時時以此警惕自己。

做人應當誠實正直，不要有害人之心，不過，防人之心也不可無，畢竟人的心思是很難讀懂的，必須提防別人口蜜腹劍的算計。

如果你在得意之時，不小心謹慎，輕易地暴露了自己的實際情況，恐怕會讓自己一直處於失敗之勢！

想要當好人之前，必須先學會如何做個聰明人。

在爾虞我詐的社會裡，奸巧和權謀並不少見。不論做什麼事都要多留一點心眼，千萬別天真地盲信「人性本善」，否則，當你被出賣、被陷害的時候，就只能欲哭無淚了。

做人靠手腕，做事靠手段

> 世界上到處都進行著各種形式的戰爭，沒辦法，我們就是愛打仗。我們不是防守的一邊，而是進攻搶奪的一邊。
>
> ——大衛．漢考克

製造玄機就能化解危機

競爭過程中，原本就是要虛實交互運用，讓競爭對手握不住你的實力，從而無法與你進行對抗。

自己的眞實力量，有時需要向對手全部展示，但有時候也要巧妙地掩藏起來。至於什麼時候該進行「火力展示」，什麼時候又該隱藏實力，則要依實際情況而定，只要運用得當，自然能受益無窮。

孫臏和龐涓都是鬼谷子的學生，後來龐涓先行下山，當上了魏國駙馬，並陷害孫臏受到「臏刑」，導致雙腳殘廢。孫臏脫險之後，先以圍魏救趙之策大挫龐涓的銳氣，然後又在戰場上與龐涓正面決戰。

孫臏技高一籌，鬥智而不鬥力，運用「減灶法」製造假象，在戰場上逐漸減少燃灶的數目，讓龐涓誤以為孫臏節節敗退，命令手下軍士緊追不捨。直到兩軍在馬陵道會戰，孫臏依計整合全部兵馬迎頭痛擊，龐涓才知道中計，最後被亂箭射死。

這是戰場上的謀略，所謂知己知彼，百戰百勝，商場之中也是如此。首先，要對自己有正確的評價，然後瞭解對手的虛實，先適度地隱藏自己的實力，學會製造假象，讓對方錯估情勢，進而爲自己製造絕佳的優勢。

曾經，有家銀行忽然傳出財務不穩的消息。

當時已經接近下班時間，那間銀行馬上被擠兌的人潮擁得水洩不通，此時如果處理不當，銀行很有可能會就此倒閉。

所幸，該銀行的經理鎮定自若，不慌不忙地將庫存的現鈔全部搬了出來，一面延長銀行營業時間，另一面緊急向同行拆借現金。

當趕來擠兌的人，看見現場現金如此充足，不禁相信銀行的實力沒有問題，大都認為財務不穩的消息應該是個謠言，再加上大排長龍地等待，實在浪費時間，便放心地回家休息，擠兌的人數立即明顯變少了。

另外，一些銀行大戶看見銀行的情形穩定，又想到提領完現金還有被搶的風險，索性相信銀行，省得為自己增添麻煩，這場擠兌風波就此煙消雲散。

俄國作家高爾基曾經寫道：「在這一切都處於競爭和角逐的世界上，是沒有童話般的幻想和多愁善感存在的餘地。」

確實，在人性戰場上，上演的是一場場鬥智鬥力的競賽，比的是做人手腕和做事手段，如果你對人性抱持過多美好幻想，不懂得揣摩各種可能發生的狀況，永遠都只是可憐的輸家。

曾經有某家上市公司，因為市場派和當權派爭奪經營權，藉著拉攏股權的方式爭奪不休。在股權開始進行登記之後，市場派四處活動，到處請託送禮，拉攏的股權很快地便超過了當權派。

兩者股權拉長了距離之後，市場派預估其餘小股東不會出席，又見當權派無力拉攏，眼見局勢已定，便自信滿滿地認為，一切穩操勝算，對當權派的注意力逐漸鬆懈，甚至開始為奪權成功大肆慶祝。

未料，當權派早就暗中拉攏其餘的分散股權，努力邀請他們聚餐歡敘，並在登記截止的期限前一刻，帶著小股東全數前往會場，進行登記手續。

這個情況讓市場派頓時傻眼，面對這樣致命的一擊，根本無法招架，在完全沒有掙扎的餘地之下，只能以奪權失敗而告終。

不管任何形式的競爭，很多時候就像孫臏與龐涓決戰的現代翻版，說明競爭過程中，原本就是要虛實交互運用，讓競爭對手握不準你的實力，無法與你進行對抗。

這幾則隱藏實力與展示實力的方法，都表現得恰到好處，合理地利用自己的實力，然後稍加隱蔽，沒有讓人窺破其中的玄機，巧妙地扭轉對方的心理，讓成功穩固地站在自己這一邊。

所以，捉準時機，將優點掩飾起來，讓對手鬆懈怠惰，甚至對你毫無防備，掉以輕心，直到遭遇你的正面進攻才驚醒，但卻爲時已晚，這也是謀求獲勝的策略中，最常運用的方法之一。

做人靠手腕，做事靠手段

競爭優勢是指你比其他人有更優越的條件，它是利用來使你比競爭對手更有吸引力、更有效能。

——威廉·萊修

想出更好的致勝方程式

處理棘手事情的時候，別老是直線思考，有時要把問題上下左右思考一番，才會有更好的致勝方程式出現。

做人多一點心機，並不是什麼可恥的事，重點在於如何將心機用在正確的時機。行駛在人性高速公路上，「心機」絕對是讓你避免受重傷的「安全氣囊」。

精於用兵之道的人，往往能從常理之中洞悉對自己最有利的情況，然後採取違反一般人思考邏輯的方法行事，進而出奇制勝。

這就是所謂的「逆向思考」，只不過，很多人自以爲自己在逆向思考，其實只是重新安排自己的偏見。

古希臘的荷馬史詩《伊利亞特》中，記載了一則最著名的特洛伊戰爭，當時聯軍為了攻破特洛伊城，費盡心機想出一條計策。

兩軍交戰時，聯軍假裝節節敗退，倉皇之中丟下了內藏大批精兵的木馬。特洛伊人眼見敵軍敗走，不禁歡聲雷動，便順理成章地將這個巨大的木馬視為戰利品運回城內。

當晚，特洛伊人為慶祝勝利而狂歡的時候，木馬內暗藏的精兵一擁而出，殺得特洛伊人驚慌失措。而在城外守候的聯軍將士們，一發現城內烽火四起，也立即向城內進攻，一舉佔領了特洛伊城。

這正是著名的「木馬屠城計」。

像這類「逆向思考」方法，運用在經商謀略中，同樣能出奇制勝。

美國就有一位名叫麥克的精明商人，很喜歡研究有關商業貿易方面的法律，只要一發現漏洞，便會趁機大撈一筆。

有一次，麥克在法國購買了一萬副女式皮手套，但是按照當時的貿易規定，這批貨物要進口到美國必須繳納高額的關稅。他為了減少稅額，便開始思考新的進貨方式。

最後，他想出一個讓人意不到的方法，將手套分為兩批，第一批先運回美國，另外一批則原封不動。

先運回的手套如期抵達，麥克卻故意不去提貨。依海關法律規定，逾期存放的貨物會被充公拍賣，他那批手套自然也難逃此運。

拍賣之日，前去標購手套的商人為數不少，麥克置身其中，不動聲色。當負責拍賣的官員打開包裝一看，不禁大叫一聲，原來運來的手套儘管材質精美，但都是左手手套，根本無法在市場上販售。

現場熱絡的氣氛頓時冷卻，最後只剩麥克一人還在場內。於是，麥克便以極低的價格買走了所有的手套。

很快的，麥克又運來第二批手套，這次他把一萬隻右手手套兩兩相配，冒充成一左一右的「正常」手套。

結果，此計成功，海關人員只收了麥克五千副手套的關稅。

如此一來，麥克只用了一半的關稅，外加拍賣左手手套時所花去的一小筆費用，順利地將一萬副手套，運進了美國境內。

「怎樣才是最有利的方法，如何才能出奇制勝獲得成功？」

相信這個疑問，必定在許多力求成功的人心中，不斷地思考著，但是，大家都只在既定的思路上來回探索。

其實，處理棘手事情的時候，別老是直線思考，有時要把問題上下左右思考一番，才會有更好的致勝方程式出現。

像故事中的木馬戰略，像是商人麥克的另類方法，凡事只要能轉個彎想，便能找到另類的成功技巧。

莎士比亞曾經寫道：「想要成功，就必須在對的時機做對的事，就像船要出海，必須趁著漲潮的時候。」

確實如此，活在這個人人都絞盡腦汁想要出人頭地的時代，想讓自己快速獲得成功，做人做事除了要比別人努力之外，更必須及時調整自己的思考模式與行動準則。要讓腦袋適時轉彎，該用手腕的時候就運用手腕，該靠手段的時後就施展手段。

要是做人欠缺手腕，做事不會耍手段，又不知道審時度勢，永遠不可能是人生戰場的贏家。

做人靠手腕，做事靠手段

一個想法僅僅是一個出發點而已，一旦你把它詳細說出來，它就已經受到思想的改造了。

——畢卡索

清楚看見小人的計謀

為了保有自己的既得利益，工於心計的人比比皆是，在解讀小人的成功技巧之時，我們更要看清其中計謀，用以保護自己。

幽默作家蕭伯納曾說：「當一個人想謀殺一隻老虎時，他會說那是遊戲，但當這隻老虎要殘害他時，他卻說那是殘暴。」

的確，在「伴君如伴虎」的時代，凡是熟諳厚黑權謀的人，爲了避免別人對自己的譴責，經常會用美德的外表和漂亮的藉口，來掩蓋自己犯下的任何錯誤，甚至施展害人的毒計。

古代的皇帝身邊，經常都會有一些心術不正的臣子包圍，他們總是竭盡心力，施展狡詐的手段，將皇帝圈禁於深宮之中，阻斷其他臣子的進諫與發展，堵塞了臣下的進言，使君令不能下達，下情不能上通。

有一天，趙高對秦二世說：「天子之所以崇隆尊貴，就是因為臣下只能聽到天子的聲音，但是不能直接見到天子的面，所以天子自稱為『朕』。先帝在位的時間長，經驗豐富，對群臣也都有所了解，群臣不敢在先帝面前胡說，如今陛下年紀尚輕，許多事情還不很熟悉，舉措如有不當，群臣就會立即發現陛下的短處，這有損於天子的神明。今後陛下比較適深居內宮，臣下的奏章送來之後，可以與我或精通法律的近侍商議之後，再由陛下發出詔令，這樣群臣們就不敢胡說，也可使天下都知道陛下的英名，不知陛下意下如何？」

只見秦二世連連點頭，一點也不知道趙高的鬼計。

從此，秦二世皇再也不親自出朝會見大臣，只在深宮內院之中與趙高商討政務，然而實際上一切都由趙高決定。

趙高見自己的陰謀成功，更加大膽地胡作非為。

丞相李斯對秦二世耽於聲色犬馬深表擔憂，多次想勸諫，卻苦於無法接近。

趙高聽到這個消息後大喜過望，因為他早想除去李斯，取而代之，只是苦無機會。因此，他對李斯說：「現在，關東地區的『盜賊』如此之多，朝中大臣都急得不得了，但皇帝陛下卻不以為念，不但加徵徭役趕修阿房宮，還豢養大量狗馬以自娛。我本想勸阻他，但地位太低，想必說也無益，而這正是您身為君侯的責任，您難道不想去勸諫一下嗎？」

李斯一聽，連聲稱是：「對，對！我早就想去說一下，但是，如今皇帝根本就不上朝，很難有機會朝見。」

趙高連忙說：「只要您願意規勸皇帝，我可以找一個機會給您。」

李斯高興地說：「這太好了。」

工於心計的趙高，便趁著秦二世正與嬪妃們飲酒作樂時，派人通知李斯面諫。結果，李斯的一番大道理，把皇帝惹惱了，而趙高當然把握機會，暗地裡大大地攻擊李斯一番，漸漸地秦二世皇對李斯越來越不信任了。

隻手遮天，是許多奸臣常做的事，然而，以俯瞰的角度來看，我們卻也發現，能夠讓他們隻手遮天的幫凶，還包括那些思考呆板僵化的臣子，以及貪圖獲得更多權勢地位的人。他們看不見奸詐小人的別有居心，不斷地斷送自己的未來，以致於讓奸臣們能不斷地把玩朝政。

李斯自認聰明絕頂，以權謀霸術躍爲秦國丞相，更以陰狠的伎倆害死韓非子，但是，最後卻落得腰斬的命運，原因就是被權位名利沖昏了頭，而落入趙高的陷阱。

現實生活中，爲了保有自己的既得利益，工於心計的人比比皆是，在解讀小人的成功技巧之時，我們更要看清其中計謀，用以保護自己。

做人靠手腕，做事靠手段

禽獸根據本能決定取捨，而人類則通過算計來決定取捨。

——盧梭

不拘小節，人才才會鞠躬盡瘁

一個成功者的事業版圖，往往是用無數人才的血汗繪製而成。相同的，他們邁向成功的階梯，也經常是用人才鞠躬盡瘁的屍骨堆疊而成。

身爲一個想要有所作爲的領導者，最應該擔憂的是手下無可用之人，盡是一些成事不足、敗事有餘的蠢才。

因此，在舉用人才之際，一定要不拘小節。因爲，領導者除了要積極經營自己的版圖之外，更需要人才的輔佐，群衆的擁護，才能長治久安。

戰國初期的名將吳起為了入仕，便拜孔子的學生曾參為師，學習儒家義理。

由於吳起勤奮向學，深得曾參的喜愛。然而，當吳起的母親去世時，他卻不願意按照當時的習俗回家守孝三年，認為那樣只會白白浪費時光。

這件事讓曾參非常生氣，一氣之下將他趕出師門，從此，吳起便放棄了儒學，轉而學習兵法。

當齊魯之戰爆發，魯國國君想任用吳起，卻因為他的妻子是齊國人，而有所猶豫。後來，吳起的妻子恰巧死了，魯君這才放心派他率軍出征。

這一戰，吳起率領了兵少將弱的魯國軍隊，居然打敗強盛浩大的齊軍，展現了卓越的軍事才能。

雖然他大勝而回，這時卻傳出了一個相當歹毒的謠言，指出吳起為了當上將軍，竟然不惜殺害妻子。

魯王聽聞傳言之後，並沒有詳加查察，便聽信左右讒言，從此疏遠吳起，而被謠言中傷的吳起深深受挫，也離開了魯國。

不久，他得知魏文侯正在廣募賢才，便立即轉道來到魏國，後來幸運地獲得魏國將領瞿璜賞識，隨即推薦給魏文侯。

然而，魏文侯也擔心吳起徒有才能，卻品德不佳，因為他也聽說吳起不願為母親守喪之事，以及為了當上將軍，不惜將自己的妻子殺害的傳言。

不過，瞿璜卻力勸魏文侯：「想要成就大業，就應當不拘小節，吳起沒有守孝三年，我國也沒有一定要遵守儒家禮教的規定，再者，就算吳起急於建功立業而殺妻，不也正好符合國家的需要？」

後來，魏文侯聽了吳起的軍事見解，馬上驚為天人，徹底心服口服，任命他為大將軍，派他出任西河守。

吳起到西河後訓練軍隊，帶領百姓耕種梯田，因為頗能體恤民情，深得百姓愛戴，沒有幾年工夫，便把西河治理成進可攻、退可守的重要據點。

西元前四〇九年，吳起帶領軍隊渡過黃河，攻克了秦國的臨晉、洛陽、合陽等重要城鎮，更讓企圖大舉入侵中原的秦軍大敗而逃。

一個成功者的事業版圖，往往是用無數人才的血汗繪製而成。相同的，他們邁向成功的階梯，也經常是用人才鞠躬盡瘁的屍骨堆疊而成。這麼說雖然充滿權謀，卻是不爭的事實。

如果，當時魏文侯只注意那些對吳起不利的傳言與缺點，而忽視了他的軍事才能，那麼他的損失恐怕不小吧！

從魏文侯重用吳起這個故事中，我們可以得知，身爲一個優秀的領導人，在選用人才和班底之際，一定要用人唯才，不拘泥世俗的小節。能夠如此，才能爲自己創造成功的高峰。

做人靠手腕，做事靠手段

很明顯的，由於欺詐性廣告的不斷流傳，使得人們的智力不斷降低，這說明了要征服一個市場，方式不只一種。

——彼得·杜拉克

做人千萬不要強出頭

如果刻意地在對方面前，表現自己高人一等，或是炫耀自己的小聰明，反而會自曝在危險之中。

許多人在待人接物之時，總是喜歡吹噓自己，試圖把別人比下去。殊不知，刻意地炫耀你的聰明或才華，只會讓你顯得愚昧，贏得一時的虛榮，卻喪失更遠大的前景。

隋代的薛道衡文才出眾，十三歲就能朗誦《左氏春秋》。

隋文帝時，薛道衡被任命為內史侍郎，在隋煬帝時，則外放擔任潘州刺史，直至大業五年，才被召回京師任職。

當時，薛道衡寫了一篇《高祖頌》，自己頗感得意，但隋煬帝看完後，不悅地說：「只不過是文辭華麗而已。」

因為，隋煬帝楊廣一向自認文才甚高，認為沒有人能超越自己，對薛道衡的文才心存嫉妒。

當時，有位御史大夫見狀，便乘機進讒言：「薛道衡自負擁有才子之名，不把皇上看在眼裡，這根本存有造反之心。」

內心極度不悅的隋煬帝因而聽信讒言，下令將薛道衡處以絞刑。

鋒芒畢露的人時間一久，便會引來旁人的嫉妒，周圍的人因爲感到自己的無能，也不願與他合作。

當年，孔子年輕氣盛之時，曾經向老子問學。

老子只對孔子說：「良賈深藏若虛，君子盛德容貌若愚。」

意思是說，善於做生意的商人，總是隱藏寶貨，不會讓人輕易看見，而品德高尚的君子，外貌總是顯得愚笨拙劣。

唐順宗就深明這層道理，即使貴爲太子之時，也儘量小心翼翼地注意自己的言行，以免惹來禍害。

喜歡以天下為己任的唐順宗，還是太子身份時，便曾對東宮幕僚說：「我要竭盡全力，向父皇進言革除弊政的計劃！」

幕僚王叔文聽了，深以為不妥，立即向他諫言：「身為太子，最該做的事情是盡孝，你應該多向父皇請安，問候起居冷暖。改革是目前最棘手，也最敏感的問題，如果你過分熱心，有心人就會以為你企圖以國家改革的名義來招攬人心，萬一讓皇上誤會你想篡位，而對你有所猜忌，對你來說並不件好事，更無助於國事改革啊！」

唐順宗聽完這番話後，立刻有所省悟，之後便收斂許多。

這樣的改變，讓他在唐德宗荒淫專制的晚年，沒有招來不測的災禍，也才能成就日後唐朝的順宗改革。

從故事中可以明白，處理人際關係時，務必要謹慎小心，不要傷及對方的自尊心，也不要引起別人的猜忌。

如果刻意在對方面前表現自己高人一等，或是炫耀自己的小聰明，反而會自曝在危險之中，輕則讓對方更加自卑，從此拒絕與你來往，重則讓對方想要挫挫你的銳氣，讓自己陷入危機。

當然，在這個講求分工合作的現代社會，如果沒辦法讓組織團結，有些工作根本無法完成。因而，做人做事也不必採取消極的態度，只要小心謹慎，不要處處張揚，表現出令人反感的小聰明，試圖將榮耀獨攬在自己身上，自然而然能處處化險爲夷。

做人靠手腕，做事靠手段

那些在炮火下跑進你腦海中的創造性想法，將被安全地保留在那裡，直到永遠永遠。

——托洛茨基

識時務才能開創人生版圖

別一窩蜂地跟著所謂潮流或別人的腳步走，因為，那些只懂得一窩蜂的人，絕大多數都是以失敗作為結局。

知道自己的實力到達哪裡，也知道自己的弱點在哪裡，這兩項是我們發展自己人生版圖最重要的認知。

遇到實力比自己強壯的對手，應該明知時務，避實就虛，另外尋發展的道路，而不要做無謂的拼鬥，那樣只會弄得兩敗俱傷。

國際知名的路透社創辦人路透，轉移陣地到倫敦營業之前，曾有一段時間在德國古城亞琛從事通訊社經營工作，這裡正是奠定他未來成功的重要基礎。

一八四八年，普魯士政府正式開通了從柏林到亞琛之間的電報線，並同意開放供商業通訊使用。於是，利用柏林與亞琛之間的電報線從事服務，成了一項最有利可圖的事業，路透得知這個消息之後，決定抓住機會開創一番事業。

他趕到了柏林，想要效法法國新聞界名人哈瓦斯創辦通訊社，不過在這之前，沃爾夫通訊社的人已經搶在他的前面，在柏林建立了「沃爾夫辦事處」。

於是，他決定放棄在柏林的發展。

不過，路透一點也沒有氣餒、絕望，在柏林碰壁之後，立即又趕回亞琛，幸運的是，在亞琛這項生意還沒有人開始。

於是，路透立即開辦了獨立經營的電報辦事處，勤奮不懈地廣泛搜集當時歐洲各主要城市的每一項行情快訊，彙整編輯成「路透行情快訊報」。

路透盡可能地利用最快的交通工具，將報紙提供給分散的訂戶。由於他不辭辛勞地奔走，名聲逐漸傳了開來，經過一段時間之後，他的市場居然佔去了大半，許多人都爭相訂購。路透也終於在報訊業中，站穩了自己的地盤。

走在人生道路上，很多時候要像路透一樣，懂得避實就虛、迂迴前進，這正是做人做事策略中相當重要的一環。

別一窩蜂地跟著所謂潮流或別人的腳步走，因爲，那些只懂得一窩蜂的人，絕大多數都是以失敗作爲結局。

人生最重要的一件事就是選擇自己可以成功的道路，才不會蹉跎一生，一事無成。路透的成功故事要告訴我們：「要做就要做獨一無二的事，只要多運用你獨一無二的創意，發現獨一無二的商機，那麼成功必定是你的！」

做人靠手腕，做事靠手段

如果你能夠把諂媚的花言巧語讓人聽起來變成坦率懇切的苦口良言，那麼你就離成功不遠了。

——喬叟

虛心接受別人的建議

想要箝制別人的想法或言論，是行不通的方法。想要封住別人的嘴巴，到頭來只會換來更多不堪入耳的流言和毒語。

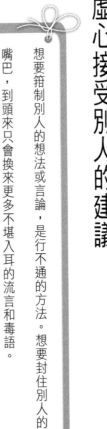

法國思想家盧梭曾經寫過一句值得深思的警句：「禽獸根據本能決定取捨，而人類則通過算計來決定取捨。」

人活在世上，不管做人或做事，難免要遭遇許許多多「人性習題」。我們不難發現，成功者並非比失敗者有腦筋，只不過他們面對「人性習題」，取捨之時，比失敗者多了一點心機。

對於別人的批評和議論，我們不必氣沖沖地反駁，應當以虛懷若谷的態度加以接受，允許別人在自己面前發表不同的意見，作爲自己反省檢討的借鏡，這才是正確的爲人處世之道。

春秋戰國時期，齊國有位名叫鄒忌的大臣，長得風流瀟灑、氣度不凡，被譽為美男子。對此，鄒忌感到相當得意。

他聽說城北也有位美男子，心裡經常想：「不知道誰長得比較俊美？」他的妻子、侍妾和前來拜會的人聽見他的疑惑，個個都說他比較俊美。

後來，鄒忌親自看見了那個美男子，相較之下他卻發現，自己根本不如對方，這才知道，自己受到妻子、侍妻和拜會者的善意欺騙了。

不久，他把這件事情告訴齊王，建議齊王要虛心納諫，接受不同人的建議和勸諫，即使對方的說法讓自己難堪，也應當虛心接受。

齊王認為有理，隨即發出佈告，隨即進諫的人往來不斷，其中有許多意見皆能切中時弊，齊王也都能接受改進。後來，意見越提越少，齊國的政治越來越開明，經濟發展與國力也日益強盛，終於成為當時諸侯公認的強國。

春秋末年，子產也是位從不對民眾言論加以壓制的宰相，即使人們對鄭國的政治抱著不滿或是嘲諷態度，他都能坦然接受。

當時，在鄭國各地普遍設有鄉校，那裡不只是教育人民的地方，同時也是許多對政治不滿的人發言的場所。

民眾們在那裡發洩怨言並斥責政治，有些朝中大臣聽說後，都非常擔心這些人會對社會、政治帶來不良的影響，紛紛要求關閉鄉校。

然而，這時子產卻反駁說：「千萬不可以關閉鄉校，因為那是民眾在結束一天的勞動之後，唯一休息的地方，他們聚集在那評議政治其實並無不妥，他們的意見更可以作為我們施政的參考，對於讚賞有加的政策，我們便可以繼續深化實行，如果聽見批評或是建議，我們更應該加以改革。要是我們強行壓制，也許能暫時抑止他們的言論，但是，此舉卻像堵塞河道一樣，水勢雖然一時堵住，但是，當更大的洪水滾滾而來時，必定會氾濫成災。與其如此，倒不如從平時就慢慢地疏通洪水，這不是更好嗎？」

從子產這番話，我們可以知道，想要箝制別人的想法或言論，在這個誰也不怕誰的年代，早就已經是行不通的方法。

想要封住別人的嘴巴，到頭來只會換來更多不堪入耳的流言和毒語。面對批評或批判，我們都應當有包容的心胸和寬容的氣度，允許人們發表不同的意見，因爲，嘴巴長在別人的臉上，不是我們可以控制的。

唯一對自己有用的應對方式是，從這些話語之中找出自己看不見的問題，補強自己缺失或不足之處。懂得以別人發出的批評、諫言作爲自己的一面鏡子，如此才能讓自己朝著更正確的道路前進。

做人靠手腕，做事靠手段

一個人越是卑鄙，他就會越固執地想要扮演高尚的角色，有些人甚至還因此成功了。

——塞涅卡

02

你的情義
只是別人的工具

一旦被情義這頂大帽子套牢，
就會被別人牽著鼻子走，失去了自我，
這樣的情義只是一廂情願的自我折磨，
又有什麼價值和意義？

別讓自己成了別人的踏腳石

一旦太過單純或是過度相信別人，便會經常被人所利用，甚至老是成為別人邁向成功的踏腳石。

在道德與不道德之間，我們會看見，好的動機不一定有好的結果，好的結果也不一定就是好的動機所致，甚至關於我們熟知的道德性觀點，也會因爲生死存亡而見仁見智。爲了生存競爭，連行爲標準都會視時代的需求與當下的觀念而改變。

不過，其中有一項爲人處世的準則卻從未改變，那便是：「害人之心不可有，防人之心不可無。」

名作家魯迅曾說：「你身邊的人可能不太關心英國某名人的偷情事件，但是，他們卻絕對很關心，關於自己周圍的友朋們與誰幽會。」

換句話說，眞正會讓你成爲衆矢之的或陷入險境的人，不會是與你擦肩而過的陌生人，而是你的周遭朋友。許多你保密到家的話語之所以會洩漏，往往出自於天天陪伴在你左右的知心好友。

說到小人，每個人無不恨得牙癢癢的，然而，不管我們如何厭惡，卻老是會遇見這樣的小人，甚至不自覺地爲他賣命。

因爲，小人們很懂得捉住我們的心理，相反的，我們卻總是看不透對方的別有居心，因而吃虧上當，甚至傾家蕩產。

面對小人，有人主張以德報怨，更有人以爲，可以用自己的善良與正直去感化對方，並讓小人們及時回頭。

這類一廂情願的相信，是讓許多人拼了命工作卻無法升遷的主因，其中問題的關鍵，正是因爲他們無法辨識對方的別有居心。

那麼，要怎麼解決這樣的問題？

我們當然不需要跟著當小人，只要我們看得懂小人們的卑劣行爲，就能夠有效防範，不至於成了別人的跳板！

那些缺德的小人就好比是一枚枚地雷，隨時都會把我們炸傷。不過，只要我們學會了辨識，自然就像獲得了一架探雷器，生活中不僅能保護自己，在工作上，更能讓自己不會再拼了命付出，功勞卻永遠都是別人的。

莎士比亞曾經在他的著作裡提醒我們說：「一個人可以儘管滿臉都是笑，骨子裡卻是殺人的奸賊。」

的確，充滿競爭壓力的生活，有時是相當現實殘酷的。

殊不見，在我們的生活週遭，有些人爲了達到自己的目的，往往會在臉上戴著菩薩的面具，但在骨子裡卻幹出魔鬼的勾當，不可不加以提防。

在這個爾虞我詐的社會，不管是在商場上、工作上，還是一般社會上的交往，一旦心思太過單純或是過度相信別人，便會經常被人利用，甚至老是成爲別人邁向成功的踏腳石和犧牲品。

做人當然應該光明磊落，行事也應當坦坦蕩蕩，然而，無論我們追求著怎樣的正直人生，別忘了有心人士正在暗處對你覬覦著。

因此，就算我們不想做出害人之事，也要懂得保護自己，不要一再誤入有心人的陷阱，致使自己難有成功出頭的一天。

做人靠手腕，做事靠手段

我的成功之道只有一條，那就是伸手去收割旁人替我播種的莊稼而已。

——德國思想家歌德

忍讓，是為了主宰自己的人生方向

只要我們能「忍」與「等」，不在無關緊要的小事上浪費精力，慎選出擊的最佳時機，成功便已然抓在我們的手中。

所謂的生存智謀，往往只需要一個「忍」字訣。

爲了表現自己，多數人總是急躁地展露自己的才華，卻也經常忽略了，因爲太過急躁的表現，往往也讓自己的缺點暴露無遺。

戰國時代的名士毛遂投效在戰國四公子之一的平原君門下，平時從不露出聲色，直到平原君要到楚國求救之際，他這才挺身而出，想要發揮所長。

然而，當時平原君感到猶豫，曾質疑道：「士人處在世上，如錐子裝在麻袋中，尖子很快就會顯露出來，但是你在我門下那麼多年了，為何我從未聽說您的大名，該不會是資質平庸？」

毛遂不以為意，笑著回應說：「非也，倘若將我裝在囊中，那麼，露出來的恐怕不只是尖子而已。」

後來，事實也證明，毛遂自薦在於充分相信自己的能力，這不僅是他見機行事的處事技巧，更是他一舉成名的關鍵所在。

忍耐是爲了磨練自己，也是爲了等待最好的出擊時機。在「忍」字背後，其實都是一些「吃小虧佔大便宜」的求勝策略，所謂的「秘而不露」，正是老謀深算的聰明人最常發揮的智慧。

何時應該含光混世，何時應該鋒芒畢露，無疑是一門大學問。

其實，不同的事物都有其不同的特點，即使是在相同的事物上，不同的時代也會有不同審核角度與不同的結論。至於人生的道路要怎麼走，要在什麼時候破囊而出，就有賴生活在當下的你，能做出聰明的選擇，在生命需要轉彎處，讓自己能找到出口，成功地生存下去。

爲了生存和競爭，每個人都會有一套爲人處世的生活技巧，而「忍」字，則是多數成功者的基礎，所以他們總是懂得取捨，展現出「小不忍則亂大謀」的精髓，或是「退一步海闊天空」的謀略。

忍讓不是畏懼或退縮，而是堅定地主宰自己的人生方向。

其實，成功的定義正是一種「等待最佳時機」戰略，千萬要記住：「世上計謀萬千條，只有藏秘不露是高招」，於是只要我們能「忍」與「等」，不在無關緊要的小事上浪費精力，慎選出擊的最佳時機，成功便已然抓在我們的手中。

做人靠手腕，做事靠手段

你若是想贏得一個人的心，那麼就必須在他最困難的時候給予幫助。

——伊索

你的情義只是別人的工具

一旦被情義這頂大帽子套牢，就會被別人牽著鼻子走，失去了自我，這樣的情義只是一廂情願的自我折磨，又有什麼價值和意義？

美國作家愛默生曾寫道：「人生是個雙面舞台，看看哪，那些扮演英雄的人，總是費盡心機地，將自己小人的那一面遮掩起來。」

的確，在這個「詐者爲王，被詐者爲寇的」的人性叢林裡，野狼披上了人皮，是爲了遮掩自己是禽獸的事實，魔鬼爲了讓人相信自己是上帝，有時候也會引用《聖經》來爲自己背書。

所謂的「義氣」其實是一種負擔，從古代到今天，我們可以發現好講仁義的人最終表現出來的，往往只是沒頭沒腦的匹夫之勇，也讓仁義的崇高價值一落千丈。

而且，最容易被利用的也是「義氣」二字，人們經常爲了這兩個字付出慘痛代價，彷彿做人一定得有情有義才不算枉走人生一遭似的，也因此，「仁義」經常被人們誤用，讓好事變成了壞事。

「桃園三結義」是傳頌了幾千年的美談，但是，在誇讚關羽、張飛的義氣之時，我們也見識到劉備表面上雖然大談忠孝仁義，但是他肚子裡的計謀，其實一點也不亞於其他的厚黑之士啊！

對許多人來說，所謂的忠孝仁義，只是一層美化眞實意圖的糖衣。

隋文帝楊堅統一中國後不久，戰功彪炳的楊廣展開奪嫡活動。

當時的嫡長子楊勇是個大化而化之的公子哥，行為上總是不拘小節，表現出自己的真性情，沒有矯飾和偽裝，至於楊廣則與他完全相反。

懂得隱藏自己的楊廣，看見兄長如此放浪行骸，完全不懂得收斂，便清楚知道這是他取代皇太子之位的絕佳機會，於是處心積慮地展開佈局。

擅長捉住人心的楊廣，發現獨孤皇后最討厭男人有姬妾的心態，便大做表面文章，獨尊妻子蕭妃一人，這讓獨孤皇后十分高興。此外，為了迎合隨文帝的品味，他家中的擺設也十分樸實，再加上他的文采不錯，待人又表現得謙虛有禮，因此而深得滿朝文武的讚賞。

雖然這一切都是偽裝出來的，然而他成功地經營出來的形象與人際關係，無論如何都是不爭的事實，如此標準的領袖形象，自然是深受群臣的擁戴。

當時機成熟時，楊廣終於露出真實面目，雖然朝臣這時才發現他的狼子野心，然而此時政權已操經控在他的手中了，無人能和他對抗。

世事萬物都是一體兩面，是相對的，而不是絕對的，用對地方才有意義，所謂的「講義氣」也是相同的道理。

做人當然要講求情義，才能讓情義成爲人生的助力，但是，一旦被情義這頂大帽子套牢，就會被別人牽著鼻子走，失去了自我，這樣的情義只是一廂情願的自我折磨，又有什麼價值和意義？

或許，你自認「有情有義」，但看在有心人的眼裡，你卻成了「呼之則來，揮之則去」的工具，看在旁觀者的眼裡，你只不過是個墮入形式主義的愚人，根本不值一提。

情義的拿捏就在我們的手中，情義的標準也只存在於我們的心中，怎樣才是真正的有情有義，只在乎我們的一心。

做人靠手腕，做事靠手段

儘管說得天花亂墜、娓娓動聽，但協定的雙方都心知肚明，彼此的誓約並不可信，因為這種誓約就像貓頭鷹或蝙蝠一樣，見不得陽光。

——褚威格

天真過頭，小心大難臨頭

在「物以類聚」的社會價值觀念和行為模式中，我們太容易把和自己親近的人，當作知心好友或志同道合的同類，而忽略了人性的狡猾詭詐。

爲何常見好人不長命，禍害遺千年？

這是因爲，好人通常都是不分青紅皀白的渾人，或是天眞過頭的愚人，心思總是過份單純，總是執拗地相信「人性本善」，而忽略了人性「虛僞」的本質。

正如俄國作家杜斯妥也夫斯基曾所說：「善良的人總喜歡把人往好處想，總是把朋友想得比實際還好，也因此總是遭到難以逆料的惡果。」

人與人之間的關係錯綜複雜，做人做事千萬不要心存僥倖，而要依靠自己的智慧靈活應變，不管任何時候、任何情況都要做好充分準備，才不致讓別有用心的小人有機可乘。

有句古語說：「君子無罪，懷璧其罪。」

意思是說，即使是心胸坦蕩沒有犯下任何過錯的人，也會因爲曝露了懷中的那塊價值連城的美玉，而遭到別人陷害。

這句話警惕我們，即使對人性的觀感是光明、正面的，但與人相處之時，保持一定的距離仍然是有需要的，因爲意外總是發生在你的預料之外。

像當年武則天爲了剷除異己，大倡告密之風，許多人無不是在最親信的人手中喪命，當時朝野上下告密成風，不少人爲了謀奪權勢名位而不惜出賣別人，諸多荒唐故事也不斷發生，冤獄也因此而大興。

然而，被出賣的那些人，如果有一點防人之心，不把告密者視爲知心好友，透露自己的心思和秘密，又怎麼會被出賣呢？

即使歷史的教訓歷歷在目，這類告密事件仍然層出不窮，像宋代元祐黨案、明末東林黨案及清代各起文字獄，都是因爲當事人太過相信他人，喜歡談東論西，大剌剌曝露自己的心思所致。

其中最典型的例子是，寫過《風箏誤》、《燕子箋》等戲曲的阮大鋮，早先想依附東林直士左光斗。好發議論而又頭腦簡單的東林人士因爲相信他的文德，對他深信不疑。

萬萬沒想到，阮大鋮後來卻疑心東林人士會自己不利，轉而投靠魏忠賢，最後更獻上《百官圖》，欲置東林群賢於死地。

從諸如此類的故事中，也許有人要嘆口氣道：「怎麼好人總是沒好報，壞人卻能享受榮華富貴？」

這是因爲，在「物以類聚」的社會價值觀念和行爲模式中，我們太容易把和自己親近的人，當作知心好友，或是志同道合的同類，而忽略了人性的狡猾詭詐。

其實，不管我們怎樣問心無愧，都要慎選交往對象，也要有防人之心。因爲隨口議論他人或說出自己的秘密，我們的言談也隨時會不脛而走，而說出口的話要想收回，可不件容易的事啊！

所以，生活中每個人都要有防範意識，或許你認爲「人性本善」，然而人性是多元且易變的，這是人人都無法否定的事實。世界雖然美好，危機卻也經常蟄伏在我們的週遭，能夠多一點警覺，對我們絕對有利而無害。

做人靠手腕，做事靠手段

適度地暴露自己的缺點，有時並非壞事，對於討價還價來說，這一點反而重要，對方可能因為誤判情勢，做出有利於你的決定。

——拉羅什富科

拍馬屁是人際關係的潤滑劑

只要沒有不良動機，就算是拍馬屁，從正面的角度解讀，也不過是放大對方的優點，何必表現得扭扭捏捏呢？

愛聽好聽的話是人之常情，也是人生的一大弱點，畢竟沒有人會拒絕被肯定的機會，因此社會上也充滿了逢迎拍馬之徒。

遇到有人拍馬屁、獻殷勤，或許我們經常會聽到有人不以爲然說：「眞看不慣那些拍馬屁的奴才。」

但是，這些人以不屑的口氣說出心中不滿的同時，他們心中是否也感歎地認爲，「只有這樣的人才能在社會上生存」？

曾經有個很討厭被人奉承的老先生，在他教導的學生當中，有一位即將到縣城當差，臨行前，這位學生前來拜別老師。

老師問他：「此行有何準備，打算如何大展身手？」

學生回答：「我已經準備好了一百零一頂高帽子。」

平常表現得剛正不阿的老師聽了十分不悅，這個學生當然知道老師的個性，連忙見風轉舵說：「老師啊！您不能怪我，這個世界上像您這樣剛正不阿、不喜歡聽奉承話的人，能有幾位呢？」

老師聽罷笑著說：「這倒也是！」

之後，這位學生則對別人說：「嗯，我的高帽子已經送出去了一頂。」

非常有意思的一個小事例，卻也說明了：「好聽的話人人愛聽！」

輕鬆地看待生活，簡單地看待做人處事之道，想讓生活或工作平坦順暢，「說好聽話」的處事技巧不妨多學一點。不必太執著於直線思考，只要能達成自己想要的目標，能把事情圓滿達成，偶爾讓生活多繞幾個彎又何妨呢？

其實，講好聽的話不一定就是拍馬屁，只要沒有不良動機，它就會是人際關係的最佳潤滑劑。就算是拍馬屁，從正面的角度解讀，也不過是放大對方的優點，何必表現得扭扭捏捏呢？

拿破崙曾說：「不想當元帥的士兵不是好士兵。」

因爲企圖心，我們運用了僞裝與美言，只要不踰越人生價值的界限，不過分僞態，這些增進人際關係的技巧與方式原本就可以多元應用。

相同的，在工作場合順著上司的意思，並不是一味地迎合，而是從讚美中慢慢地獲得肯定與信任，也慢慢地得到發言與伸展的空間。

做人靠手腕，做事靠手段

刻毒的壞人，比那些表面合意的朋友，對人更有用處，因為前者說的常常是實話，而後者從來不會講實話。

——西塞羅

要送禮，先摸清對方的習性

世上沒有不吃腥的貓，也沒有不吃肉的老虎，更沒有不喜歡禮物的人，只不過每個人好惡不同，送禮前必須先摸清對方的習性。

做人要用心，做事要用腦筋，要是不懂得變通，不僅容易遭人排擠、恥笑，甚至會讓自己成爲眾人攻擊的箭靶。如果你不想讓自己成爲別人眼中的「笨蛋」、「死腦筋」，那麼就該多學學做人做事的方法。

以送禮爲例，送禮是表達善意的一種方式，可以增進彼此的情誼，或是改善彼此的關係。

但是，送禮要送得巧，不然拍馬屁反拍到了馬蹄，恐怕要被反踢一腳。

民國年間，軍閥吳佩孚坐鎮洛陽，儼然成了高高在上的河南王，原來不可一世的督軍張福來成了受氣媳婦，在吳佩孚面前連大氣也不敢出。

不久，吳佩孚五十歲生日，原本想借壽宴的機會，張揚自己的政治影響力，不過為了沽名釣譽，他特意在報上刊登啟事，三令五申要「謝絕拜壽」。

大家明瞭，吳佩孚五十大壽最想要的禮物就是「名」，因此樂得輕鬆。然而，自作聰明的張福來卻想：「別人不去祝壽倒還可以，可我這個在吳大帥眼皮底下當官的，可是與別人不同，受氣媳婦不給婆婆拜壽，恐怕將來吃不完兜著走。」

於是，他帶人抬了厚禮進入吳府拜謁，恭恭敬敬地施禮：「特來恭祝大帥大壽！」

吳佩孚一看他不識好歹，竟然來破壞自己的「清譽」，當然沒有好臉色，滿臉不高興地說：「你沒看見我的啟事嗎？你既然有閒工夫來拜壽，為什麼不多抽點時間好好地管教你的兄弟？」

自討沒趣的張福來，再次碰了個大釘子，羞得汗流滿面，轉身便離開了。

回到家後，他還搞不清楚狀況，大聲對著部屬咆哮著：「大帥一點也不給我面子，我再也不幹了！」

禮多人不怪，但是萬一送錯了禮數，那麼不僅壞了自己的形象，更有可能因爲這個多餘的舉動，而毀了自己一輩子的前程，就像張福來一般，完全捉不準巴結的時機，那麼不如不要巴結奉承。

世上沒有不吃腥的貓，也沒有不吃肉的老虎，更沒有不喜歡禮物的人，只不過每個人的好惡不同，送禮之前必須先摸清對方的習性。

其實，只要深入探討人性心理，就會發現不論在官場上還是一般職場，沒有人不希望能與掌握升遷大權的人親近，畢竟那是升官發財最佳途徑。

然而，巴結的文化要如何拿捏？送禮要如何送到恰到好處呢？

厚黑教主李宗吾在《厚黑學》中對此有過精闢的論述：「送，即是送東西，分大小兩種。大送，把鈔票一包一包地拿去送；小送，如春茶火肘或請吃館子之類。所送的人又分兩種：一是操用捨之權者；二是未操用捨之權，而能予我以助力者。」

不過，這只是彰顯看得到的物質層次，人在擁有一定程度的權勢富貴之後，就會像吳佩孚一樣，轉而追求名聲。

所以，在這個普遍存在的送禮文化中，我們只要能摸清對方的習性，對於禮數也擬出一套標準，那麼我們才不至於老是自討沒趣。

做人靠手腕，做事靠手段

如果你搭乘的火車駛在錯誤的鐵路上，你所到達的每一個車站，都是錯誤的車站。

——伯納德·馬拉莫德

投其所好是人際交往的手段

當你想要獲得某項重要助力，或是想擠入某個團體，成為成員中的核心份子，首要「善於察言觀色」，進而「投其所好」。

心理學家認爲，當人們的意見、觀點、行爲模式一致時，彼此就會相互肯定、相互吸引，反之就會相互否定、相互排斥。因此，想要接近某些重要人士，或是尋找自己往上爬的階梯時，一定要懂得投其所好。

史上著名的大太監李蓮英，自進宮後便從不放棄任何一個巴結上頭的機會。

在一個偶然的機會，得知西宮的懿貴妃常因梳頭的事而鞭打宮女們，李蓮英心想：「機會來了！」

於是，他悄悄地跑進妓院，觀察著妓女的各種新穎、時髦的髮式，偷學梳頭的技術。經過一番勤學苦練，他便向老太監沈蘭玉請求，讓他到貴妃宮裡服侍。沈蘭玉起先不肯，但經不住李蓮英的再三請求，只好向懿貴妃提及此事。懿貴妃見有人自薦要為她梳頭，當然喜不自禁，立即答應了這個請求。

走進懿貴妃房門開始，聰明的李蓮英便在彼此問答之際聽出了貴妃的需求，經過一番相處後，李蓮英完全拿住了貴妃的心。

貴妃看著多樣的梳頭款式，十分高興，不由得拍手誇獎說：「小李子，可真有你的，留下來吧！好好為咱家梳頭！」

看見懿貴妃的笑容，李蓮英也放下了他的心頭石。

於是，憑著他的巧妙心思，不久他便被提升為御前近侍，李蓮英當上了梳頭太監之後，更能經常察言觀色，很快地他便把慈禧太后的好惡全都摸透了。

在日常生活中，他幾乎未等慈禧開口，便為她準備得妥妥當當，因此慈禧太后對他非常寵愛。然而，聰明的李蓮英也深知「伴君如伴虎」的道理，即使穩坐一人之下萬人之上的大位，仍然小心翼翼。

有一次，慈禧太后要到恭親王府邸，路經李蓮英府第之時，看見大門上貼著「總管李寓」四個大字。慈禧側過臉去瞅了好長時間，這個小動作當然沒有逃過李蓮英的眼睛，心知大事不妙。

來到恭親王府時，李蓮英便向慈禧告了一會兒假，隨即急如星火地趕回家中，揭去大門上的「總管李寓」門帖。

然後又一陣風似地趕回慈禧身邊，跪下稟道：「奴才在宮中當差，很少回家，沒想到那些小太監不懂規矩，竟然在奴才家的大門口貼上總管的字樣。剛才奴才發現了，立即請假回家，把總管的門帖揭下，並把那個混帳的小太監打了一頓板子，送交內務府嚴辦，以警效尤！」

慈禧一聽，不由得笑出了聲，說道：「這點小事不必交內務府了。」

人是群居的動物，最常見到的行爲模式就是「物以類聚」，或是「臭味相投」。所以，當你想要獲得某項重要助力，或是想擠入某個團體，成爲成員中的核心份子，首要「善於察言觀色」，進而「投其所好」。

在日常生活中，我們不必總是將「投其所好」視爲一種貶義，因爲人本來就是互相影響的。仔細想想，日常生活中我們不就頻頻對與自己交往密切的人示好嗎？因此，對自己想結交的人士偶曲意逢迎，不僅是一種人際交往的重要藝術，更是踏入夢想天堂的重要管道。

如果我們平時就詳加觀察週遭人物的肢體動作，相信久而久之就能揣測出他們最眞實的心理狀態。懂得運用身體語言的概念，來洞悉別人內心深處所隱藏著的意志和感情，將有助於我們更加了解人性，幫助自己更上一層樓。

做人靠手腕，做事靠手段

如果你能夠把諂媚的花言巧語讓人聽起來變成坦率懇切的苦口良言，那麼你就離成功不遠了。

——喬叟

在混亂中看見自己的機會

越混亂的情況，越是我們表現大將之風的時候，畢竟能臨危不亂的人，才能冷靜思考，也才能表現應變能力。

混亂，往往是成敗的關鍵，也是對一個人的嚴厲考驗。通得過考驗才能亂中取勝，通不過考驗，只有遭到淘汰。能臨危不亂的人，任何事務在其手中，多數也必定能輕鬆解決。

齊景公的身體逐漸衰弱之後，諸位王公貴族大臣名門都擔心，齊景公會立最年幼的公子荼為太子。因為，齊景公非常寵愛公子荼的母親，雖然她出身低微。

齊景公年紀老了，但對於太子之事他卻相當執著，儘管許多人放出反對的風聲，但齊景公最終還是立公子荼為太子。

不久，齊景公去世，公子荼也登上王位，是為晏孺子。

然而，這時有個名叫田乞的大臣發現，許多老臣其實一點也不心服，所以他一方面巴結國惠子和高昭子這兩位輔佐大臣，伺機對他們說：「雖然您們機獲得君王的信任，但許多大臣們對於君王並不從，正在圖謀反叛，您們一定要小心才是。」

田乞是個口蜜腹劍之徒，他一轉身便又鼓動其他王公貴族起來反叛，對大夫們說：「高昭子這個人真是太可怕了，讓他掌握大權，我們哪還有活路啊！大家與其坐著等死，還不如趁高昭子還沒來出手，我們先下手為強。」

就這樣，田乞很快就獲得了諸位大夫的擁護，經過充分的準備之後，一場宮廷政變發生了，高昭子被殺了，國惠子則逃到莒國，連晏孺子也被殺了。

最終掌權者，竟然是田乞！

田乞為了能更名正言順地掌握齊國的大權，便派人到魯國請回齊公子陽生。但陽生畢竟不是齊景公所立的太子，田乞怕大夫們不肯服從，又會引起亂子，便把陽生先藏在家中，等待適當的時機再讓他登位。

時機差不多了，田乞請來諸位大夫到府中做客，對大臣們說：「今天是我家的祭祀之日，我的妻子已經在家中準備好了菲薄祭禮，敬請各位賞光。」

當大家正喝得正高興時，田乞令人抬出一個大袋，接著對著大袋施禮，然後打開口袋，對眾人大聲喊道：「齊國國君到了，諸位還不趕快行禮！」

眾大夫一看，公子陽生從口袋裡站了起來。這一驚可非同小可，諸大夫慌忙就跪下參拜，田乞順勢要大家盟誓共立陽生為齊國國君。為了能夠更有力地說服眾大夫，他趁著齊景公時代的重臣鮑牧已經喝醉，就騙大家說，擁立太子陽生的主意是自己與鮑牧兩人共同策劃的。

誰知鮑牧人醉心不醉，一聽田乞以自己的名義欺騙大家，便開口反駁田乞說：「胡說！難道你忘了主公的遺命是立公子荼為齊國國君嗎？」

諸大夫一看鮑牧帶頭反對擁立陽生，許多人也想跟著反悔。陽生一看形勢不妙，為了保住性命，連忙衝向鮑牧，猛地就跪倒在地，說道：「能立我為君就立，不能立也就算了，諸位千萬不要勉強。」

沒想到此舉卻把鮑牧嚇著了，堂堂一位公子竟在眾目睽睽之下跪在自己面前，為人臣的怎麼擔當得起？只見鮑牧忽然醒了似地，再藉著醉意說：「唉呀！什麼可以不可以的？都是景公的兒子嘛，誰當國君都可以嘛！」

眾人看到鮑牧表示贊同了，也紛紛地表示擁護，不久，陽生便順利登上王位，也就是後來的齊悼公。

法國思想家拉羅什富科曾說：「在所有的過錯中，我們最容易原諒的，就是為了功成名就所玩弄的心機。」

其實，不論是大人物、小人物，爲了追求眼前的權勢名位，大都能可卑鄙地搞詐，也不願放棄任何一個可以讓自己功成名就的機會。

因爲田乞的狡詐，也因爲齊悼公的處事機警，在這場混亂場面中，讓他們成功地建立了自己的權勢地位。

人生總會遭遇突如其來的變故，很多時候場面越混亂，人就越加慌張，當然也越容易遭到失敗。

所以，場面越混亂，我們越要冷靜鎮定，因爲混亂代表著有機可乘。越混亂的情況，越是我們表現大將之風的時候，畢竟能臨危不亂的人，才能冷靜思考，也才能表現應變能力，讓每件事在自己手中都能輕鬆解決，完美達成。

就像聰明的齊悼公一般，在混亂的場面中見縫插針，見機退了一步，反而獲得想要的結果。其實，聰明的他一定知道，唯有如此才能讓自己跨進一大步，輕鬆登上王位的寶座。

做人靠手腕，做事靠手段

想做個好人，並力求誰也不知道他是個好人的，是最虛偽的。

——俄國作家托爾斯泰

主動爭取才能見到生機

機運始在掌握在我們的手裡，善用者生機，不善用者殺機，生活的得意或失意與未來的成功或失敗，全靠自己行動。

許多宿命論者總是把自己的失敗歸咎於命運，其實開口閉口都是命運的人，根本不了解命運的眞正意義。

機運始終掌握在我們的手裡，沒有人會永遠處在劣勢之中，更沒有人永遠都走霉運，我們的命運全看自己如何去行動。

有一次宦官趙高犯法，秦始皇命令名將蒙恬之弟、上卿蒙毅論處。蒙毅依法辦事，削了趙高的官職並處以死刑，若非秦始皇姑念趙高辦事認真，親自下詔赦免，趙高早就一命嗚呼了。

因此，每當趙高一想到蒙氏兄弟，便在心中盤算著要如何除掉他們。後來秦始皇出巡染病，立下遺詔時，終於讓他想出了一個除掉蒙氏兄弟的方法。

趁著遺詔尚未發出前，他決定串通胡亥與李斯偽造一份詔書。因為只要殺了扶蘇和蒙恬，擁立胡亥繼位，那麼他不僅握住了胡亥的把柄，自己的地位也自然穩固了。

於是，趙高來到胡亥耳邊挑撥：「公子，皇上的這份遺詔，只有您、丞相李斯和我知道，我們只要將詔書略加修改，天下就是您的了。」

胡亥聽了這番話大吃一驚：「廢長立幼是不義，不尊父命是不孝，靠別人的計謀成功是無能，我自己恐怕也不會有好結果。」

然而，趙高見胡亥如此怯懦，便自信滿滿地說：「怎麼會呢？這種事情史上多著，商湯、周武殺了他們的國君，天下卻讚頌他們的仁義，並沒有人說他們不忠。衛國的國君殺了自己的父親，衛國人還讚揚他有道德呢！做大事不能拘泥小節，在這關鍵時刻顧小而忘大，將來就後悔莫及了。」

胡亥說：「但這事怎好對丞相去說呢？」

老奸巨滑的趙高一聽，知道胡亥心意已經動搖了，便對他說：「丞相方面就由我去辦，這您放心！」

於是，趙高立即前去說服李斯：「皇上駕崩前賜給長公子扶蘇一道詔書，命他到咸陽參加葬禮並繼承皇位，這事只有您和我、公子胡亥知道。現在這份詔書尚未發出，而且皇帝的玉璽和詔書都在公子胡亥手中，想要擁立誰繼承皇位，就在您和我一句話了。您看，這事怎麼辦好呢？」

李斯回答道：「這可不是我們當臣子可以議論的事啊！」

趙高說：「請丞相自己估量一下吧，論才能您比得上蒙恬嗎？論功勞您比得上蒙恬嗎？論與長公子扶蘇的關係和信賴程度，您比得上蒙恬嗎？」

趙高一連串的問話，使得想繼續掌權的李斯相當不自在，無可奈何地回答道：「的確，我都比不上。」

但李斯仍然反對道：「違背天意是不能長久的，將來恐怕招來滅族之禍，連祖宗都沒有人祭禮。我李斯是個正經人，絕不不能做那種事。」

趙高看到李斯不願意的樣子，便說：「丞相！老實告訴你吧，公子胡亥已經同意這樣辦了，您還怕什麼？再說，您不同意，也得這麼辦。」

趙高的這幾句話帶點威嚇的話，果然奏效，李斯心想：「原來他們早預謀好了，如果不答應，我恐怕難逃一死吧！」於是，李斯只得點頭答應：「唉，只好遵照公子胡亥和您的意思去辦了。」

其實，社會上諸如此類的詭計到處都是，利用人心弱點所設下的種種陷阱和騙術，更是五花八門。

因此，懂得洞悉別人內心深處所隱藏著的意志和感情，將有助於我們更加了解人性，提防自己在人性叢林中受騙上當。

以歷史正義的角度來看趙高，趙高的行爲當然並不光明，然而從求生本能與積極進取的角度上來看，他絕對是個成功的求生者。

應用於生活和職場人際關係之中，我們當然無須像趙高一般，以挑撥與設計陷阱他人的方式，來獲得自己的生存空間，但要如何才能絕處逢生，使自己從劣勢中力挽狂瀾，趙高的本領卻是我們要學習的。

畢竟，機運始在掌握在我們的手裡，善用者生機，不善用者殺機。生活的得意或失意與未來的成功或失敗，全靠自己行動，生活是否能看得見陽光，也只有我們自己主動爭取，才能看得見轉機，不是嗎？

做人靠手腕，做事靠手段

做人厚道的人，雖然最受歡迎，但也最容易被欺騙。做事厚黑的人，雖然最受厭惡，但卻最不容易吃虧。

——羅傑斯

03

以柔克剛，才不會兩敗俱傷

以剛克剛，容易落得兩敗俱傷，
面對剛烈之人，更應以己之長克其之短，
而不是硬碰硬，推向玉石俱焚的危險態勢。

懂得低調，才是明哲保身之道

炫耀容易招人嫉妒，反之，讓人以為沒有好處可圖、沒有令人羨慕之處，才是明哲保身的生活智慧。

俗話說得好：「錢財一露白，危險跟著來」。

在現實社會中總是有這樣的人，一心想著不勞而獲，只要看到別人身上的名貴衣飾，或是豪華的房子車子，便心起歹念，想要用各種不正當的手段據爲己有。

面對這樣的手段，該如何應對？以下是陳平見機行事的應變智慧。

陳平，漢初陽武人，是漢朝著名的謀士，少時家境貧寒，日子過得很苦，可是因為聰明機智，腦筋靈活，善於謀略，所以很快就出人頭地。

有一天，陳平穿了一套新衣服，腰上佩著一把寶劍，出遠門去幫人家辦事。走到半路上，碰到了一條大河，河上又沒有橋，只得坐船過去。

好不容易找到一艘船，船上坐著幾個人，一個個十分慓悍，目露兇光，以異樣的眼光打量著他。陳平心頭一楞，但抬頭一看天，太陽就要偏西，再晚可能就趕不到目的地了，只好硬著頭皮坐上這艘船。

陳平在船尾找了一個乾淨的地方坐下，這時，坐在船上的幾個人竊竊私語，對著他指指點點，其中有一個站起身就要往陳平這邊走來，卻被身邊其他人拉住，於是便忿忿地又坐了下去。

河面很寬，船夫又故意把船划得很慢，陳平看到這種形勢，心中大喊不妙，暗想：「他們看到我衣著華麗，還配著一把漂亮的寶劍，一定誤以為我是貴族子弟，身上帶有很多的銀子，所以想打劫我。」

坐在船尾的他馬上扯開嗓子叫著：「哎呀！好熱喲！」同時當著所有人的

面，把身上的衣服一件件脫下來放在船板上。

船夫和船上其他的人看他放下衣服時，並沒有發出錢幣的聲音，知道身上沒有半點值錢的東西，便打消了搶劫的壞主意。

發現沒有油水可撈之後，船夫加快了划船的速度，其他的人也對他失去了興趣，扭過頭去談論自己的事情。

船很快到岸，陳平道過謝後，拾起衣服，便頭也不回快步往岸上走，心裡暗自慶幸，今天總算躲過了一劫！

知道沒有什麼油水可撈，一般的盜賊就會放棄了打劫的念頭，畢竟，做壞事也是要承擔風險的，爲了極低的利益鋌而走險，是傻瓜才做的事。

錢財不露白是一種「低調」，做人只要懂得低調，便不至於樹大招風，惹來無盡的麻煩。假如你喜歡搞排場、搞派頭，出手闊綽大方，這跟在頭上插著草標、希望人家來圖謀你的財產有什麼不同？

又假如你位居高職，掌管著重大的單位，每天與名流交際應酬，並喜歡將這些事拿來自誇，那麼那些想要圖好處、攀關係的人，怎麼可能不來阿諛你？那些見不得人好的心胸狹窄之輩，又怎麼可能不來算計你呢？

炫耀容易招人嫉妒，反之，讓人以爲沒有好處可圖、沒有令人羨慕之處，才是明哲保身的生活智慧。

唯有維持低調平凡的作風，不使自己的鋒芒過分外露，才能讓那些貪心的豺狼對我們不感興趣，守護住自己的身家與幸福。

做人靠手腕，做事靠手段

你去爭辯問題、抗拒問題，可能會耗更多時間與精力，倒不如採取積極態度去解決問題。一旦把問題解決，你會很興奮滿足。——李奧·貝納

以柔克剛，才不會兩敗俱傷

以剛克剛，容易落得兩敗俱傷，面對剛烈之人，更應以己之長克其之短，而不是硬碰硬，推向玉石俱焚的危險態勢。

在社交或談判場合中，不需要太多刻意的言行表現，有時候氣定神閒、默默無言，反而會使對方摸不著頭緒，認爲你高深莫測而不敢造次，老子所說的「大辯不言」，正是這個道理。

畢竟，以剛克剛，容易兩敗俱傷；以柔克剛，才是眞正的技高一籌。

三國時代，諸葛亮最為後人稱道的謀略，正是空城計。

當時，城中只有數百名老弱殘兵，諸葛亮只好施展心理戰術，將城門敞開，然後帶兩名童子在城頭撫琴，司馬懿率領了十萬眾兵殺至城下，猛然看見諸葛亮神情自然，談笑風生。

如此怡然自得的模樣，令生性多疑的司馬懿心中不安，狐疑多時，最後選擇退避三舍，不敢貿貿然進攻。

就這樣，諸葛亮不費一兵一卒，以計謀嚇退了司馬懿的十萬大軍，等到司馬懿察覺上當，已經失去最佳的攻城時機，諸葛亮的援兵業已馳回。

如果，當時諸葛亮選擇了硬碰硬，勢必會城破人亡，性命難保。

凡事冷靜處理，只要面對問題時，表現得愈自在愈不在乎，反而容易給人老謀深算的神秘感，爲自己爭取更多時間和空間！

利用人們容易多疑猜忌的特性，來擾亂他人的判斷力，最能達到自己預期目標，因爲表面上，自己看似沒有積極地採取行動，實際上卻使得對方在心理層面具有了一定的約束力。

所謂「四兩撥千斤」，便是一種以柔克剛的原理。

剛烈之人容易被柔和之人征服、利用，所以領導者應當更善於以柔克剛，就像一塊巨石，如果落在一堆棉花上，便會被棉花輕輕鬆鬆地包覆在裡面。

在剛強與柔軟之間，多數人仍然是吃軟不吃硬的。

所以，以剛克剛，容易落得兩敗俱傷，以柔克剛，則較容易馬到成功。

換個角度，面對剛烈之人，更應以己之長克其之短，而不是硬碰硬，造成雙方同時失去理智，推向玉石俱焚的危險態勢。

做人靠手腕，做事靠手段

對於有幸進入充滿競爭力公司的人來說，那競爭慘烈的時期卻是最興奮、最值得、最滿足的時光。

——威廉．道菲奈

保持不亢不卑的應對

只要我們能掌握戰勝困難的關鍵，知道什麼時候會有困難，看得見其中問題，便能採取正面的辦法戰勝它。

不管在哪個年代，喜歡趁機敲詐勒索的人都會有一套堂而皇之的說詞，我們必須找出他們話語中的陷阱，然後緊捉住他們的缺漏，令他們無法自圓其說，如此才是積極的應對之道。

此外，如果你身爲部屬，即使面對無法解決的困難，只要道理站得住腳，保持不亢不卑的應對，便沒有人可以爲難你。

有一回，晉楚兩國大戰，晉軍大敗，知罃被俘。

當時，知罃的父親荀首為下軍大夫，率領兵團奮力作戰，射死了楚國大夫連尹襄老，也捉住了受傷的楚公子谷臣。

帶著一死一傷回到晉國之後，晉國預備用他們來換回知罃。

知罃在回晉國前，楚王對他的才能非常清楚，也相信知罃將來定能立下大業，於是，滿面和氣地問他：「你怨恨我嗎？」

知罃回答：「兩國交戰，因為我沒有才能，才淪為俘虜，大王沒有把我殺死，願意讓我回晉國，這是大王的恩惠，我怎麼還會怨恨你呢？」

楚王聽了這番話很是滿意，連忙又問知罃：「既然如此，那麼，以後你將會感激我的恩德嗎？」

知罃回道：「兩國都是為了國家利益打算，為了使百姓安心度日，現在晉楚二國既然和好，也各自後悔當初不應該開戰，雙方互釋戰囚以表達善意，這樣的結果與私人無關，你認為我該感激誰呢？」

楚王又問：「你這番話我覺得有點不對，你說這是兩國之間大事，但明明是我要讓你回去，你回去之後應該要報答我的恩情吧？」

知罃說：「我對你沒有怨恨，也沒有承受你的恩情，既然無怨無德，我不知道應該怎麼報答。」

楚王苦笑著說：「什麼意思？」

知罃說道：「倘若輪到我帶領軍隊保衛邊疆，碰上楚國的將帥入侵，我會不惜犧牲地去拼殺，沒有二心，以此來盡我身為人臣的職責。」

楚王從知罃口中得不到什麼答案，卻又無法反駁知罃的每一句話，只好送知罃回去，還嘆口氣說：「晉未可與之爭。」

知罃在與楚王進行對答時，人還在楚王手中，然而，他卻並沒有因此而卑躬屈膝，強顏奉承。

面對楚王厚顏無恥的索要人情，知罃以不亢不卑的態度面對，令楚王對他無計可施，確實是位膽識過人的奇才。

其實，人生原本就存在了許多困難，只要我們能掌握戰勝困難的關鍵，知道什麼時候會有困難，看得見其中問題，便能採取正面的辦法戰勝它。

面對人生的各項競爭，是否具備聰明才智，往往是決定勝負的關鍵。在爾虞我詐的現實環境中，做人做事必須根據局勢變化，採取不同的應對策略，不管前進後退，都進行一番客觀評估，如此才能獲得最後勝利。

做人靠手腕，做事靠手段

只要比賽是在我們的球場，用我們的規則、用我們的球、配合我們的水準來進行，我們就會表現得很傑出。

——馬汀．史塔爾

保持警戒就不會鬆懈

在事情未見成功之前，不能輕易放棄與鬆懈，畢竟，商場上雙方隨時都有可能交手，保持一定的警戒和實力是絕對有必要的。

活在商業社會，誰都免不了和別人打交道，無論是交涉、交易，或是涉及權益的談判，常常考驗著我們的應變能力。

想從這些交鋒中獲得勝利，有時不得不耍些手段，讓結局有利於自己。

一般來說，手段越越多，越容易獲得自己想要的結果。

日本某公司與美國某公司進行一次技術合作談判，談判開始時，美方首席代表便拿著各種資料，滔滔不絕地發表公司的意見，完全不顧日本公司代表的反應，而日本公司的代表則一言不發，只顧著埋頭做著筆記。

當美方代表講了一兩個小時之後，向日本公司代表徵詢意見時，日本公司代表卻顯得不知所措，重複著「我們不清楚」、「請給我們一些時間，回去準備一下」之類的話。

雙方的第一次談判，竟在這樣不明不白的情況下結束。

幾個月之後，雙方又開始第二次談判，美方公司的代表捲土重來，而日本公司則以談判不力為由而另派代表團，但是一切過程和上次談判一樣，日本人顯得在這次談判中準備不足。

美國公司的老闆大為惱火，認為日本人在這個案子上根本沒有誠意，於是就下了最後通牒，如果第三次談判日本公司仍然如此，那麼兩公司的協定便得取消。

而後，美國公司解散了談判團，封閉所有的技術資料，以逸待勞，等半年之後雙方的最後一次談判。

沒想到，幾天之後，日本公司竟然主動派出龐大的談判團，不請自來，直飛美國要求談判，美國公司在驚愕中倉促上陣，匆忙召集原來的談判團成員進行談判。

這次談判中，日本代表不但掌握了先前談判中美方代表的技術資料，而且詳細說明了相關的資料，最後拿出雙方協定的草樣，要求立即進行雙方公司的合作。

美方代表一下不知所措，因為自解散之後根本沒有進行過磋商和分析，放鬆戒心的情況下，美國代表陷入了被動挨打的地位，日本代表卻得勢不饒人，硬是要美國人按日本人的設想在協定上簽了字。

當協定發生效力時，美國人才發現自己這一方根本就受到了對方的欺騙，雙方獲利不均，但也為時已晚。

商場上，商人間的攻防兵法和訛詐伎倆一再上演，爲了自身利益，就必須活用各種戰術，即使要裝傻也無妨，因爲一切只許成功不許失敗。

我們從日本人和美國人的交涉過程中可以得知，商戰上既聯合又競爭的對手會如何表現自己，確實很難預料。

從中，我們還能得到一個啓發，無論如何，在事情未見成功之前，不能輕易放棄與鬆懈，畢竟，商場上雙方隨時都有可能交手，保持一定的警戒和實力是絕對有必要的。

做人靠手腕，做事靠手段

現在，每一項競爭都會變成全球戰爭，輸贏都取決於速度及對改變的反應能力等因素。每個人都要因應要求更高、更激烈的競爭要求。

——凱・林歐斯特

想成大器，就不要用情緒處理問題

想成大器，切莫用情緒來處理小事或紛爭，要能忍人所不能忍，輕鬆地處理一些繁瑣小事，讓重要的大事能早一步得見成功！

有位人性作家曾經這麼說：「就算面對自己再如何討厭的人，也不要將你對他的討厭寫在臉上。」

因爲，一個讓討厭的人，也許有朝一日會成爲幫助你度過難關的「貴人」，又何必急於將這個「潛在貴人」推出門外呢？

想成大器，就不能用情緒處理問題。

所謂「小不忍則亂大謀」，面對不在人生計劃中的屈辱、挫折、失敗，如果不能克制住一時的衝動，很容易會讓自己做出後悔的事。

因爲無法克制情緒，而讓突如其來的小事而打亂自己的人生節奏，使得整個佈局大亂，無疑是件不智的舉動。

中國名將韓信是位家喻戶曉的人物，能讓他稱雄一時的原因，其實在他還未成名之前，便可窺見一二。

韓信某天正在街上行走，忽然，眼前出現了三四個地痞流氓，一副趾高氣揚的模樣，還用斜睨的眼神看著視韓信。

韓信先是一驚，隨即拱手道：「各位兄台，不知有什麼指教嗎？」

其中一位撇著嘴，大笑幾聲後說道：「我們哥兒們是有點事要找你，只是不知道你辦不辦得到？」

韓信平靜地說：「蒙各位抬愛，不知道是什麼事呢？」

看見韓信如此必恭必敬，那些人全部大笑起來，帶頭的那人說：「什麼抬不抬愛？不為什麼，我們聽說你成天背著寶劍在街上閒晃，今天我們特地來見識見識，看你到底有多大的能耐？」

韓信一聽，心想：「看來是故意要為難我的囉！」

他陪著笑說：「各位，我想是有人信口誤傳，我哪裡有什麼能耐，又怎能與你們幾位英雄相提並論呢？」

那群人輕蔑地望著韓信，突然，帶頭的人將劍了抽出來，往韓信的面前一扔說：「看你還算老實，今天我們不動手，你要是有膽識的話，就用這把劍來砍我的腦袋，要不然嘛……你就乖乖地從我的胯下鑽過去，哈哈哈……」

韓信望望地上的劍，又看了看前面仰頭而立的地痞頭頭，輕輕地皺了皺眉，而在旁邊圍觀的人這時也開始議論紛紛，還鼓譟喊叫著：「韓信，快用那把劍宰了這個狂妄的傢伙。」

然而，韓信卻咬了咬牙，緩緩彎身下去，接著便出乎眾人意料之外，從那人的胯下爬了過去。眾人看見這個景象，無不驚愕，連那群流氓也吃驚不已，而韓信爬完後，便立即起身，拍一拍身上的塵土，便頭也不回地離開了。

俗語說得好，大丈夫能屈能伸。

試想當時，如果韓信當時火冒三丈，並趁著怒氣殺死了那個流氓，接下來必定會有一場惡戰，勝負難以預料。就算韓信能夠全身而退，也難逃殺人罪名，勢必得面對官府的緝捕！

在鬥毆這種小事上獲得勝利，只會替韓信惹來其他對立或仇恨的災禍，這種表面上的勝利又有什麼意義？

所以，一個人若想成大器，切莫用情緒來處理小事或一些無謂的紛爭，要能忍人所不能忍者，能如此，便能輕鬆地處理一些繁瑣小事，讓重要的大事能早一步得見成功！

做人靠手腕，做事靠手段

美國人想知道什麼，就會打電話去問，而歐洲人會寫一張便條。美國的主管想要傳達的是競爭非常嚴峻。

——凱・林歐斯特

學會低頭才不會撞得滿頭包

儘管曲意求寵的故事負面，然而其中追求成功的「堅定意志」和想盡辦法要獲得寵信的積極態度，其實我們是可以拿來運用的。

人人都想飛黃騰達，但是，現實社會中爲什麼有的人成功，有的人卻失敗呢？其實，有時候成敗的關鍵在於是否找對人、用對方法，只要我們能學會「怎樣向關鍵人物低頭」，丟開華而不實的面子問題，懂得退一步進三步的技巧，成功便在我們的手掌之間。

一天，唐玄宗著人召節度使安祿山來宮，此時楊貴妃和韓國夫人、虢國夫

人、秦國夫人也都在場。

安祿山趨步上前對楊貴妃：「兒臣……臣，安祿山拜見貴妃娘娘！」

唐玄宗看了這等模樣，大笑說：「無意吐真言，那麼朕就成全你的心願，讓你拜貴妃為親娘吧！」

安祿山受寵若驚，跪在貴妃前說：「孩兒，安祿山祝母妃福體萬壽！」

不久，安祿山生日，唐玄宗和貴妃以乾爹娘的身份，特意為他準備了一份豐厚的生日禮物，第三天，安祿山進宮謝恩，先見唐玄宗之後便去叩見母妃楊娘娘。安祿山來到楊貴妃宮中，見楊貴妃正微酣半醉之中，便上前跪拜說：「孩兒祿山謝母妃娘娘大恩。」

楊貴妃只聽得「孩兒」、「母妃」的稱呼，再看了看這位大腹便便的北方漢子跪拜的窘態，實在忍不住笑了，便有意戲弄他一番，對他說道：「祿兒，人家養了孩子，按照規矩三朝就得洗兒，今日正好是你出生後的第三天，娘娘我今天要按規矩補行洗兒禮。」

她乘著酒興，喚來內監和宮女，令他們將安祿山的外衣脫下，象徵性地往他身上澆灑幾點水，然後用貴妃的錦繡床單作大襁褓，將安祿山全身包裹住，然後命人把他放在彩車上。

安祿山也裝出孩兒的哭聲，逗得後宮一片喧笑聲。唐玄宗聽到熱鬧聲，也跑來湊熱鬧。這場戲直鬧到深夜，楊貴妃與唐玄宗興致用盡為止。

安祿山有時陪楊貴妃同桌歡飲，如果太晚了，楊貴妃還會安排他在宮中宿寢，不久宮中便有人議論他們的關係。

但唐玄宗對此卻不介意，反而覺得自從安祿山來後宮，沉悶的宮闈也比往常活躍多了，貴妃也笑得更美更甜了，自己倒感到樂在其中，根本沒有去想貴妃與安祿山之間有什麼曖昧之事。

當然，這個老孩兒的官運，更是從此一路暢行無礙。

安祿山這樣的迎合當然醜陋，然而我們卻又不能不承認，姿態雖醜，但他終究獲得他所想要的，正因爲如此，歷史上的奸臣繁多，他們的大名總是比忠貞之人更讓人印象深刻，他們的事蹟你我更是熟知，不是嗎？

之所以如此，是因爲他們比一般人有著更明確的目標和更靈活的身段，無論如何都要讓自己飛黃騰達。

儘管安祿山曲意求寵的故事負面，然而其中追求成功的「堅定意志」和想盡辦法要獲得寵信的積極態度，其實我們是可以拿來運用的。

我們當然不必模仿他的人生路，只須順著自己的心性發展，學習怎樣在必要的時候向重要人物低頭。

丟開面子的問題，學會退一步進三步的技巧，成功便在我們的手掌之間。

做人靠手腕，做事靠手段

可以這麼說，幾乎每個奉承者的生存，都是以犧牲被奉承者為代價。

——法國作家拉封丹

適時把權力分配給下屬

能多給屬下們一些足夠的空間，讓他們充分地展示自己才華和能力，他們反而會更加尊敬你，更加佩服你的領導氣魄與涵養。

成功的領導者應該具備以下三項能力：第一是對大局的判斷和掌握，第二是調整團體的能力，第三是讓部下各盡所能，充分調動、發揮積極性。

領導者之所以要把一些瑣碎小事交給其他人去做，是因爲身爲領導人，最需要的工作是制定整體發展的計劃。

然而，有些領導者卻總是以「工作繁忙」而自傲，這在有識者來看，這樣的領導方式，不僅沒有駕馭屬下的才識和能力，也往往是失敗的主因。

據《清史》記載，康熙年間爆發「三藩之亂」時，據守台灣的鄭經趁機渡過台灣海峽，佔領了泉州、漳州、溫州等地。

這個消息很快地傳到了京城，傳到正領著諸位皇子在暢春園練習射箭的康熙皇帝的耳裡。不過，當時康熙皇卻無動於衷，雖然戰況接踵傳來，連台州也失陷了，皇子和大臣們個個都急如熱鍋上的螞蟻，然而康熙皇帝一心只專注於射箭，並不願多說什麼，直到回宮後，他才開口說話。

康熙對大臣們說：「福建離京城數千里，路途遙遠，消息傳報費時，雖然急著傳令，但是我們也不見得能掌握最新的情況，而且反叛的不僅僅是兵力強大的三藩，同時還有盤踞台灣的鄭經，他們的兵力固然強大，不過，當地的官員也一定盡全力去抵抗，如果他們等不到我的指令，也會明白自己的職責所在，當他們開始全力出擊時，我們再派兵前去支援，效果自然加倍。」

單從這樣統御臣下的領導方式，我們就可以看出康熙高明的治政與謀術。

在現代社會中，領導者必須學會信任，懂得適時將權力分給下屬，才能有效地應付繁雜的工作事務。

不要以爲你把自己的權力分給了下屬，下屬就會認爲你的才能低下，對你採取陽奉陰違的態度。相反的，如果你能多給屬下們一些足夠的空間，讓他們充分地展示自己才華和能力，他們反而會更加地尊敬你，更加佩服你的領導氣魄與涵養，也更加無私地爲你拼命工作。

做人靠手腕，做事靠手段

最艱難的競爭往往不是來自睿智、謹慎的競爭對手，而是來自不顧成本的經營者，這樣的人最後不是躲債落跑，就是宣告破產。

——約翰·洛克斐勒

領導者要有自我反省能力

自我反省後的結論，必須徹底落實，才能發揮鞭策自己的力量，否則，不斷反省又不斷犯錯，讓人覺得太虛偽、太肉麻了。

部屬的面子比領導者更爲重要，所以，對待部屬應當採取寬容的態度，允許他們勇於嘗試，並在他們出現失誤之後，設法保全他們的面子，重建他們的自信，這些是身爲領導的人，應當具備的寬容胸襟。

漢武帝建立太平盛世之後，有一段時間沉迷於聲色犬馬，弄得國衰民貧，朝政荒廢無度。曾經大威遠播，後來卻落得如此蕭條衰敗、風雨飄搖的西漢王朝，幸虧因漢武帝劉徹的省悟而以扭轉。

他幾經深刻反省後，說：「自我即位以來，行事狂悖，愁苦了百姓，悔猶不及，今後凡傷害百姓、浪費資財的舉動，一律禁絕。」

接著，漢武帝又發佈「罷輪台屯田罪己詔」，自我批責說：「輪台在京師以西一千多里，要到那麼遠的地方去屯田，必然又要擾民，使得人民不能好好地休養生息，我不忍心這麼做。」

他宣佈，今後不再對外用兵，提出要「禁苛暴，止擅賦，務本勸勞」，要「思富養民，與民休息」。

漢武帝年少時雄才大略，文治武功鼎盛，晚年又能以極大的勇氣悔過罪己，痛改前非，的確是難能可貴的君主。

不過，也有統治者的罪己並不是出自眞心，所提出的改革措施也沒人敢去督察是否存在缺失，據說明朝的崇禎皇帝便是如此。

崇禎皇帝據傳是個很會自我批評的人，也習慣寫所謂的「罪己詔」，並將之公佈於眾，而且一次比一次「深刻」。

然而，關於種種過失，他只是說說而已，根本沒有認真想過要如何改進。所以，當李自成大軍逼近京城之際，他再次寫下了最後一道對自己嚴辭切責的詔書之後，便懷揣著它爬上煤山，自縊而亡。

兩天以後，人們在其衣袖內發現詔文，上面寫著：「因失江山，無面目見祖宗，不敢終於正寢。」

相較於崇禎皇帝走上亡國之路，漢武帝的及時省悟才是我們應該學習的典範吧！

從古自今，人們把皇帝的顏面叫作「龍顏」，現在也有人認爲領導者的面子比普通職員的面子更重要，這種封建時代的想法無疑是錯誤的。

領導者應該能夠以身作則，嚴以律己，才能發揮上行下效的效果，產生團體的凝聚力，偶爾檢討自己的錯誤，下一道對自己痛加切責的「詔書」，其實也能有效地獲得員工的諒解與支持。

但是，這些自我反省後的結論，必須徹底落實，才能發揮鞭策自己的力量，否則，不斷反省又不斷錯，只是流於形式，讓人覺得太虛僞、太肉麻了。

做人靠手腕，做事靠手段

如果你為失敗經驗所付出的代價，不能使你換得成功和更高的報酬，那麼，你就徹底失敗了。

——格蘭森

收放自如的領導藝術

領導的藝術有如放風箏，看上去是讓風箏自由自在地遨翔，但實際上，風箏的一切全掌握在自己手中。

美國前任總統吉米．卡特，曾意識到自己肩負的責任重大，事事都想親自處理，卻又深感力不從心，經常被國內外要事弄得暈頭轉向，部屬抱怨卡特不肯充分授權，卡特本人也苦不堪言。

多數人民看見政府機器無法順暢運作的情況，便認爲這是領導者無能的表現，於是，他們用選票把吉米．卡特撵了下台。

當卡特準確無誤地意識到國家所面臨的困難，其實我們可說他洞察力敏銳，然而，因爲沒有充足授權部屬分工合作的勇氣，與面對難題的自信，使得人民跟著他一起惶恐不安，讓他爲自己埋下了失敗的因果。

另一位演員出身的美國總統雷根，則是把政治當成表演事業而獲得成功。雖然他每次即興演說時，總是會把自己的無知，曝露在複雜的議題上，然而，儘管他對涉及的問題一無所知，卻能依照白宮幕僚的教導，果斷地處理，並展現其幹練的一面。

這不僅讓美國人民相信他是個優秀的領導者，更因爲他的自信態度，讓人民也產生無限的信心。

因此，以風趣幽默、機智果斷著稱的羅納德·雷根總統，不僅獲得了人民的信任，更成爲美國近代史上最受歡迎的總統之一。

從卡特和雷根這兩位美國總統的比較中，我們看見了領導者在權力方面「收放」藝術的重要性。

卡特因爲將擔憂放得太過，表現出冷靜不足的情況，以致於無法獲得人民的支持；而貌似糊塗的雷根，卻因爲展現充分的自信，深受人民的信任。兩個人不同的領導風格，讓他們有了不同的結果。

其實，領導的藝術有如放風箏，必須收放自如，看上去是讓風箏自由自在地飛在天空，自由遨翔。

實際上，不必擔心它會不受控制，無論它飛多高多遠，終究是掌握在放風箏的人的手中，被那根細細的絲線操控著。

做人靠手腕，做事靠手段

我絕不會去嘗試跳過七英呎高的欄杆，我通常會找尋旁邊是否有一英呎高的欄杆，然後跨越過去。

——華倫·巴菲特

04

為自己營造聲勢，就能創造優勢

人為即是天意，無論是陳勝、趙匡胤，
還是歷史上其他風雲人物，
都是靠著自己營造聲勢而領盡一時風騷。

讓對手摸不清頭緒，就能達成目的

只要能以智取勝，想出借力使力，或讓對方鬆懈心防的方法，很多時候，不需費太多力氣，便能輕鬆達到我們期望的目標。

「聲東擊西，攻其不備」是兩軍交鋒之時，運用得最廣泛的戰術。這個戰術的要訣在於放出風聲或製造假象，鬆懈對方的戒心，然後在儲蓄實力之後，給毫無防備的對手致命一擊。

唐高宗時，吐蕃在青藏高原崛起，勢力日漸強大，威令西突厥歸附，打算共同吞併吐谷渾。

唐朝干預吐蕃的吞併活動，導致雙方的和親關係破裂，隨後唐朝立即援助西突厥，並任酋長阿史那都支為左驍衛將軍，要他與吐蕃脫離關係。

然而，阿史那都支表面上臣服唐朝，暗地裡卻仍然與吐蕃聯手，一起侵擾唐朝西境。當時，唐高宗想要發兵征討，吏部侍郎裴行儉對唐高宗說：「吐蕃目前非常強盛，西突厥也已經表示要與我朝修好，我們不便兩面用兵，不如趁著波斯國王去世，我們前去祝賀王子尼涅斯繼位的機會，經過西突厥時趁機行事，或許可以讓他們不戰而降。」

唐高宗聽了之後，認為這個方法不錯，遂命裴行儉為全權使臣，率兵護送波斯王子尼涅斯回波斯繼位。時值盛夏，裴行儉到達曾經任職過的西州，立即召集西州的豪傑子弟千餘人跟隨，還四處揚言說天氣實在太熱，不想急急遠行，希望等到天涼之後再啟程。

阿史那都支聽說裴行儉要在西州休息，而且要等天涼後才起程，便放下戒心，到處尋玩，消磨這個難熬的酷暑。

事實上，裴行儉並沒有真的停下來休息，而是秘密召集西州四鎮的酋長，對他們說：「以前我在西州任職時，最喜歡外出打獵，現在我想重遊舊日獵場，不知有誰願意與我同行？」

當地人本以遊獵為生，一聽到出遊打獵，個個都欣然應聲同行。

於是，裴行儉精選其中的萬餘人馬，編成隊伍，以打獵為掩飾，暗中加以操練，待時機成熟，他便急令隊伍抄小路向西快速前進，到了阿史那都支的部落附近時，再派遣使者向阿史那都支問候一聲。

當阿史那都支看見唐使突然來到自己的營帳，異常驚慌，後來見使者安詳平和，沒有指斥他與吐蕃暗地勾結，更沒有要討伐的意思，這才放下心來。

由於阿史那都支的軍隊已經完全鬆懈，依當時的狀況，根本無法作戰，因此他決定虛情假意周旋一番，便親率領子弟親信五百餘人前去拜訪裴行儉。

裴行儉表面上表示歡迎，一等阿史那都支等人進入營帳後，伏兵立即從四處湧出，五百餘人被悉數拘禁。

裴行儉兵不血刃地擒獲了西突厥的酋長，輕鬆地將任務完成，隨即凱旋而歸，另派屬下送尼涅斯回波斯。

所謂兵不厭詐，技巧就在於以虛爲實、以實爲虛，讓對手摸不清頭緒，就能達成自己的目的。

裘行儉利用刻意製造出來的假象，讓叛服無常的阿史那都支鬆懈警戒，再捉準時機伺機而動，正是擊破敵方心防的絕佳方法。

以智取勝，是所有兵法中最好的方法，援用至現實生活中，當我們無法直擊對手要害的時候，便要用機智與對方交手。

只要能以智取勝，想出借力使力，或讓對方鬆懈心防的方法，很多時候，不需費太多力氣，便能輕鬆達到我們期望的目標。

做人靠手腕，做事靠手段

如果你希望利用別人的知識來獲得資訊及增長見識，但同時你又堅持自己的想法，可能會使你對你的錯誤不以為意。

——富蘭克林

為自己營造聲勢，就能創造優勢

人為即是天意，無論是陳勝、趙匡胤，還是歷史上其他風雲人物，都是靠著自己營造聲勢而領盡一時風騷。

陳勝、吳廣押解人犯至邊境，結果因為誤期可能被處斬，他們想，反正是死路一條，便計劃舉兵起義，然而對於秦王嬴政的餘威，他們仍然頗為震懾。兩個人想了又想，便想出了一個計謀，在夜裡躲在營地周圍，然後學狐狸的鳴叫聲，再大聲喊叫：「大楚興，陳勝王。」

接著，他們又將一小條書簡塞進魚肚，上面寫著「陳勝理應順天意而為王」等字，並偷偷混在市集的魚貨中，讓廚師買回去。

當廚師剖開魚腹時，便發現裡面的書簡，眾人大驚，他們將之前的夜半之聲兩相聯繫，個個都驚訝不已，讓陳勝的號召力立即暴增。

後來，陳勝和吳廣揭竿而起，民眾紛紛響應之下，開啟了中國史上第一樁農民起義。

相似的謀略，也發生在五代末年，趙匡胤發動了陳橋兵變，黃袍披身，讓部屬們擁立他為皇帝。當時，趙匡胤還裝模作樣推讓一番，不肯答應，最後才在眾將的「懇求」下勉強答應，做了皇帝。

坐上皇位的趙匡胤並沒有高枕無憂，整日尋思著如何能讓皇位穩固，有一天，當他和大臣石守信等人飲酒作樂時，意有所指地說：「以前不做皇帝時不開心，現在做了皇帝更不開心。」

石守信詢問何故，趙匡胤嘆氣道：「如果有一天，也有人把黃袍披在你們身上，擁立你們做皇帝，你們是答應還是不答應呢？我看不如這樣子吧，我多賜給你們一些良田美女，讓你們安穩地回家享受吧！」

石守信等人都是聰明人，一點就透，知道腦袋比官位更值錢，便謝過皇上，第二天上朝後，便辭官告老回鄉，安享餘生了。其餘那些曾隨著趙匡胤打下天下的重臣見狀，也紛紛辭官退休。

趙匡胤雖然少了這些開國功勳的輔佐，卻因此化解了權臣奪位的危險。人爲即是天意，畢竟眞正能改變自己未來命運的人，還是自己。無論是陳勝、趙匡胤，還是歷史上其他風雲人物，都是靠著自己營造聲勢而領盡一時風騷。這些例子都告訴我們，機會就在我們的手中，我們都可以爲自己創造一個「天賜奇蹟」。

做人靠手腕，做事靠手段

如果我懷疑有人稍微有點不老實，我便會調出他的支出報告來看。支出報告就像測謊器一樣，可以檢驗出他是否靠得住。——馬克．麥考梅克

創造情勢，就能扭轉劣勢

懂得創造情勢能逆轉當前的劣勢，不但讓本身實力陡增，同時也讓對手變弱，這是在激烈的競爭中勝出的技巧之一。

三國時，蜀吳兩國準備聯手抗曹，孔明到江東幫忙佈陣應戰。

周瑜嫉妒孔明才識過人，故意要他三天之內造出三十萬枝箭，誤期則按軍令斬首，打算趁機除去心頭大患，誰知孔明卻胸有成竹地滿口答應。

就在第三日凌晨，孔明經由魯肅協助，在小船上紮起草人，趁著夜晚的霧氣划向對岸曹營，並令兵卒擂鼓助威。

曹兵眼見許多船隻臨近，船上人影幢幢，疑心敵人來攻，卻又礙於大霧出擊不便，只得站在岸上萬箭齊發，阻敵軍來勢。

到了清晨，霧氣散去，草人上滿佈亂箭，諸葛亮這才命人調轉船頭，回歸大營，成功地交卸了責任。

如果要用傳統的方式製造這三十萬枝箭，不要說是三天，就是二十天也造不完。諸葛亮自然也明白這一點，所以巧借霧氣掩護，擂鼓吹號，佯裝進攻，讓曹軍以爲吳蜀聯軍發動夜襲而墜入他的圈套，更讓他輕鬆「製造」了三十萬枝箭。

戰國末期，秦國想一統天下，當時最有實力與秦國抗衡的就是趙國，秦國決定要派大軍進攻趙國，趙王大為驚慌，緊急派遣老將廉頗率兵抵敵。

老將廉頗經驗豐富，針對敵我虛實，採用消耗戰，不與秦軍作正面對抗，慢慢消磨秦軍銳氣。

秦軍雖然來勢洶洶，無奈勞軍襲遠，後繼無力，又碰上趙國軍隊的頑強抵抗，毫無戰勝良策，只好到趙國散播謠言說：「秦軍根本不怕廉頗，只怕趙括掛帥出征，趙括才是趙國最好的統帥。」

沒想到趙王輕信流言，不顧趙母的再三勸阻，撤回廉頗，改派只會紙上談兵的趙括前去督師禦敵。毫無用兵經驗的趙括貿然出擊，導致趙軍在長平一戰慘敗，四十萬士兵被坑殺，自己也身首異處。

從上述兩個例子可以得知，懂得創造情勢能逆轉當前的劣勢，不但讓本身實力陡增，同時也讓對手變弱，這是在激烈的競爭中勝出的技巧之一，熟知如何運用訣竅，自然能使自己前程一片坦途。

做人靠手腕，做事靠手段

不管是個人或國家追求商業上的功成名就，只有同時發展出標準的行為準則：榮譽、勇氣，這才是件好事。

——羅斯福總統

忍一時之氣能讓你化險為夷

忍讓的深層意義在於我們明瞭自己比對方優越許多，不屑於和那些夜郎自大、自以為是的小人物糾纏，浪費自己的精力。

「忍」是待人處世的重要觀念，「忍」不僅是實現抱負的一種謀略，也是一種柔韌的武器，更是成功者達成目標的成功基石。

秦國在滅掉魏國以後，秦王嬴政聽說魏國貴族張勝、陳餘密謀復國，害怕魏國遺民將死灰復燃，於是到處張貼告示，懸賞重金捉拿這兩個人。

張勝、陳餘聽聞這件事時，立即改名換姓，潛逃到陳國去當看門的吏卒，過著忍氣吞聲的日子，靜待復仇時機到來。

然而，他們雖然躲過了秦王的追緝，卻沒能躲過陳國官吏的迫害。

有一天，當地一名小官吏莫名其妙地找他們麻煩，隨便用一個莫須有的罪名，鞭打了陳餘一頓。

面對這樣的羞辱，曾經貴為皇族地位的陳餘怎麼忍得下這只氣？於是他怒目瞠視，忿忿地急於反撲。

所幸，張勝即時拉住陳餘，並勸陳餘要忍下這口氣，陳餘聽了患難友人的話，只得忍住情緒，任由那個官吏把官威使夠。

這個耀武揚威的小官吏離開後，張勝便對滿臉不悅地對陳餘說：「還記得我們當初的約定嗎？如果你連這種情況都無法忍住了，以後還能談什麼大計劃呢？『小不忍則亂大謀』的道理，你明不明白？」

陳餘聽完了張勝的話，點了點頭！直到秦末，各地農民起義聲起，他們兩個便趁機起兵發難，也風光了一時。

一個能忍人所不能忍者，其實也必然是個胸懷寬廣的人，像是武則天時期的宰相婁師德，便可說是一位隱忍大家。

當年，他的弟弟奉命任代州刺史時，婁師德便告誡他：「此次前去就職，一定要小心謹慎，處處以忍為上。」

他的弟弟答應道：「好吧！如果有人朝著我吐口水，那我必定不會去計較，並而會默默地擦去，如此總可以了吧。」

婁師德點了點頭，接著補充道：「可以，但是那樣還不算最好的方法。當別人朝著你吐口水時，對方一定是因為恨你，所以才會有此動作，如果你當面拭去，恐怕會引起他更大的仇意，認為你是故意與他作對。所以，我認為，遇到這樣的情況時，最好微笑不動，讓口水自動乾掉，那樣必定能解開他的心中恨意。」

法國文豪巴爾札克曾經寫道：「世界上所有德性高尚的聖人，都能忍受凡人的刻薄和侮辱。」

其實，有時候，那些尖酸刻薄的人，比那些表面迎逢你的人更有用處，因爲，他們的言行就是我們自我訓練心性的砥礪。

聽到婁師德這種「唾沫自乾」的建議時，在你心中，是否也燃起和了解人與人之間關係的新觀感呢？

其實，忍讓的深層意義在於我們明瞭自己比對方優越許多，不屑於和那些夜郎自大、自以爲是的小人物糾纏，浪費自己的精力。

堅韌的忍耐精神是意志堅定的表現，更是我們做人做事時的絕佳手法，那不僅能保護我們在人生的道路上都能事事如意，更能因爲忍耐二字，讓生活處處充滿轉機與生機。

做人靠手腕，做事靠手段

當他準備用言語攻擊你之前，通常會先做出一副彬彬有禮的樣子，因為，如此一來你會以為他準備誇你。

——卡羅爾

忍耐是為了成就更大的目標

如何才能使自己獲得最大的利益呢？「忍」，無疑是一個方法，畢竟每一個成功的機會，都是成功者耐心地等待而得到的。

俗話說：「忍得一時之氣，免得百日之憂。」

《聖經》上也這麼勸告人們：如果有人打了你的左臉，不妨也把右臉伸過去讓他打。因爲這樣不僅能解除生活危機，更能減少人生中不必要的苦惱。

清末，黎元洪在湖北時一直在張彪之下，但心胸狹窄的張彪卻是個相當嫉才的人，對於黎元洪十分反感，經常在張之洞的面前進讒言，詆毀黎元洪。

此外，張彪還常常羞辱黎元洪，企圖逼退黎元洪離開軍隊。

但是，他卻沒有想到，黎元洪居然這麼能忍，即使被百般欺辱，也從不動氣，臉上更是不見怒容。其實，這個情況並非黎元洪甘為人下，他看似忠厚，心中卻自有其打算，因為他知道：「平斂鋒芒，海涵自負，絕不自顯頭角，以開異己者攻排之隙。」

因此，有功時黎元洪會將功勞歸於張彪，這也讓張彪漸漸地對他產生了好感，甚至還心懷感激。慢慢地，張彪不再處處針對他，彼此的合作關係也越來越融洽了。

不久，張之洞出任軍機大臣，東三省將軍趙爾巽補授湖廣總督。趙爾巽看不起張彪，便要黎元洪取而代之，但黎元洪堅辭不受，還幫張彪說盡好話。

對此，張彪更是感激黎元洪，而張之洞對黎元洪的氣度也非常讚賞，對黎元洪另眼相看，就這樣，黎元洪便攀上了張之洞這棵大樹。

其實，黎元洪的企圖心一點也不輸張彪，只是他考慮得比張彪更遠。

一九一一年武昌起義時的「都督」身份，與不久之後的總統地位，這些全是他靠著一個「忍」字而得來的。

拉克司奈斯提醒我們：「爬著走的貓，比跳著走的貓更狡猾。」

願意低聲下氣的人，心中一定有著更大的圖謀，因此才願意處處忍耐。

「忍」的確是辛苦的事，就像故事中的黎元洪，不論是爲了自保，還是別有企圖和居心，能忍住內心的慾望終究是不簡單的能力。

「兩害相權取其輕」，但是，如何才能準確地取其「輕」，使自己獲得最大的利益呢？「忍」，無疑是一個方法，畢竟每一個成功的機會，都是成功者耐心地等待而得到的。

做人靠手腕，做事靠手段

淌著眼淚的鱷魚，裝出一副可憐相，把心善沒有心機的人，騙到嘴巴裡。

——莎士比亞

說得出口就要真的動手

一旦許諾，就要做到。要做到不輕諾，除了要有自知之明之外，還必須養成對客觀情況進行比較深入、細緻瞭解的習慣。

許多人都有一個缺點，就是經常誇口。

自己做不到的事情硬是誇下海口，無法承擔的責任硬要做出承諾，常常代表一個人不講信義、失去誠信。我們應該謹言慎行，對自己說出的話負責，一旦做出承諾，即使對自己不利，也應該加以遵循。

戰國的時候，甘茂在秦國為相，秦王卻偏愛公孫衍。秦王有一次許諾公孫衍，將來必定有所提拔，親自對公孫衍說：「我準備讓你當相國。」

甘茂手下的官吏聽到這個消息，告訴了甘茂。甘茂因此進宮拜見秦王說：「大王得了賢相，臣斗膽向大王賀喜。」

秦王說：「我把國家託付給相國你，哪裡又得到一個賢相呢？」

甘茂說：「大王將要立公孫衍為相了。」

秦王說：「你從何處聽來的？」

甘茂回答說：「公孫衍告訴我的。」

秦王窘迫非常，認為公孫衍出賣了自己，於是就驅逐了公孫衍。

秦王輕易地對公孫衍做出承諾，事後又不兌現自己的諾言，結果成了失信於人的君主，同時也傷害了一直忠心耿耿的良臣甘茂。

要做到不輕易承諾，除了要有自知之明之外，還必須養成對客觀情況進行比較深入、細緻瞭解的習慣。

《左傳》裡記載，晉文公有一次帶兵圍困原城。圍城之前，晉文公叫士兵們只帶了三天的糧食，並且說：「如果三天攻城不下，就要退兵。」

三天過去了，原城的守軍仍不投降，晉文公於是命令撤退。這時，從城中逃出來的人說：「城裡的人再過一天就要投降了。」

晉文公的手下聽了就勸說道：「我們再堅持一天吧！」

晉文公卻說：「信義是國家的財富，是保護百姓的法寶。得到了原城卻失去誠信，以後還能向百姓承諾什麼呢？我不願做這種得不償失的蠢事。」

晉軍退兵後，原城的守軍和百姓便紛紛議論道：「文公是如此講究信義的人，我們為什麼不投降呢？」於是大開城門，向晉軍投降。

晉文公憑著信義，獲得了不戰而勝的戰果。

無獨有偶，三國時，諸葛亮有一次在祁山布陣與魏軍作戰。

長期的拉鋸戰使士兵們疲憊不堪，諸葛亮為了休養兵力，安排每次把五分之一的士兵送返國內調養休息。

可是隨著戰爭越來越激烈，一些將領為兵力不足而感到不安，便向諸葛亮進言說：「魏軍的兵力遠遠超過我們的估計，以現在的兵力來看，恐怕難以獲勝，不如將這次返鄉的士兵延緩一個月遣送，以確保兵力。」

諸葛亮說：「我率軍的一個基本原則，就是凡是與部下約好的事情必定會遵守。」他依然如期遣返輪班修整的士兵。士兵們聽到這個消息後，士氣大振，紛紛自動返回戰場，英勇奮戰，結果大敗敵軍。

這次戰爭中，諸葛亮憑著信義，喚起了士兵的勇氣和鬥志，也順利取得勝利，可見，見機行事之餘，更得懂得重視信譽，或許能收得意想不到的效益。

做人靠手腕，做事靠手段

許多先聖先哲教我們做人做事必須誠實，但一般來說，誠實不如欺騙能夠圖利。

——柏拉圖

廢話太多不如不說

西方的諺語說：「爭辯是銀，沉默是金。」指出了用沉默的方式來說服別人的力量，確有妙不可言的獨特效力。

並不是所有的事情都必須依賴言語來解決，在某些特殊的場合下，一言不發比滔滔不絕的言語更具有力量。

西方的諺語說：「雄辯是銀，沉默是金。」也是指出了用沉默的方式來說服別人的力量。

戰國時，秦昭襄王第一次召見范睢時，范睢採用的便是沉默的說服法。

當時秦昭襄王在位已三十六年，但國家軍政權力依然掌握在母親宣太后和叔叔穰侯手中，使得昭襄王無法獨立操政，實行變革。范雎就是在這時到達秦國，他先上書給昭襄王，表示自己有辦法使秦國富強，還暗示了如何處理昭襄王與宣太后、穰侯之間的問題，昭襄王於是召見范雎。

到了召見那天，范雎故意事先在接見的地點周圍四處閒逛，昭襄王駕到時，侍臣看到有人在附近閒逛，便喊道：「大王駕到，迴避！」

范雎這時故意提高聲音說道：「秦國哪有什麼大王，只有宣太后和穰侯而已！」這話正好擊中了昭襄王積壓在心中許久的心病。他有些不安地接見范雎，對他說：「早該拜見先生的，只是政務煩心，每天要去請示太后，所以延遲至今。我生性愚鈍，請先生不要客氣，多加教誨。」

但范雎一言不發，若無其事地向四周顧盼著。大廳內靜悄悄的，氣氛十分凝重。左右群臣們都有些不安地關注著事態的發展。

昭襄王猜想可能是由於眾臣在場，范雎有所不便，就摒退眾臣。但范雎仍然沉默到底，不發一語。

昭襄王於是又問道：「先生有什麼賜教的？」

范睢開了口說：「是，是。」

停了一會兒，秦王又一次請教，范睢仍只是說：「是，是。」

如此重覆了好幾次。

終於昭襄王忍不住了，說道：「先生不肯指教我嗎？那麼至少也該解釋一下為什麼一言不發！」

這時范睢才拜道：「不敢如此。」於是滔滔不絕地談下去。他談論的主要內容即是著名的「遠交近攻」策略，同時也談及太后、穰侯等人獨斷專權、架空昭襄王一事，並提出了應對方針。

秦昭襄王聽了范睢的話之後，十分讚賞，馬上任命他為顧問。幾年後，又讓范睢做了秦國宰相。

後來他對范睢說：「過去齊桓公得到管仲，時人稱他為『仲父』；現在我得到您的輔佐，也要稱您為『父』！」

　　范雎別出心裁的說服方法，確有妙不可言的獨特效力。

　　沉默使昭襄王摒退了衆臣，也使昭襄王懷著一種驚異而又專注的心理來傾聽范雎的意見，並吊足了昭襄王的胃口，使他對范雎更爲敬重了。

　　由於會見前，范雎已出其不意點明了昭襄王憂心的事，所以不用擔心自己不言而昭襄王不再求問，正是有了這種十足的把握，他才敢採用沉默的方法進行說服。范雎正是因爲懂得適時沉默，見機行事，才有機會一展自己的長才。

做人靠手腕，做事靠手段

每個人都有自己相信的座右銘，我的成功座右銘就是：人不可不要臉，但臉皮一定要夠厚。

——約翰・雷

先培養實力，再等待時機

空有時機而沒有深厚的實力，一切終究只是個「零」，在這種情況下強行運作，是不會有任何奇蹟的結果的。

在自己的實力尚未充足之前，若急著想要冒出頭，反而容易導致反效果。

西漢末年的王莽本是漢室外戚，受封為新都侯，後來又出任大司馬掌理朝政，榮華富貴享用不盡，卻仍然老想嚐一嚐當皇帝的滋味。

於是，他挖空心思，為這場皇帝夢進行周密的準備。

為了能取信於民，獲得眾人的支援，他開始包裝自己，成為一個禮賢下士的好宰相，並且塑造愛民如子、秉公執法形象，還帶頭倡導簡樸生活，當兒子犯法時，也沒有枉法徇私，而是大義滅親。

種種舉動，果然讓許多人都相信，他是一個清正廉潔、愛民如子的好官，對他也產生了許多好感。

接著，他又玩起裝神弄鬼的把戲，命人在一塊石板上刻上「漢家江山應由王莽接任」等字，並讓人們發現其中字樣。

消息傳開之後，王莽還故意裝作無辜，上朝請罪，並發下重誓，說自己絕對無意奪取漢室江山，這個風波輕鬆過去之後，讓人們對王莽更加看重。

那麼，奪權篡位的時候到底成熟了嗎？

經過了很長時間，王莽以為時機已到，便弒君篡位、改朝稱帝，沒想到此舉，讓人民對他頓生反感，無論他先前做了多少「好事」，花了多少功夫包裝，人民仍然紛紛起身聲討。

加上王莽推行新政，法令繁苛，把國家治理得亂七八糟，弄得民不聊生、盜賊蜂起，這讓王莽更如過街老鼠，人人喊打，各地的反對勢力也逐漸聚集。

皇帝做得提心吊膽的他，終日寢食難安，不久內憂外困一併襲來，結果他只當了十幾年毀譽參半的皇帝，便匆匆走下歷史舞台了。

空有時機而沒有深厚的實力，一切終究只是「零」，在這種情況下強行運作，是不會有任何奇蹟的結果的，就像滿腦子幻想卻又眼高手低的王莽一樣。

沒有人有永遠的運氣，更沒有人可以只靠包裝便能獲得成功。實力是根，包裝只是外在的枝葉，當暴風雨來襲，枝葉總是受不了風吹雨打而斷裂折損，如果樹根紮實，那麼大樹還能繼續成長，終有一天會重現繁茂。

然而，若是根沒有紮深，大風一吹便連根拔起，再美麗茂密的枝葉又有何用？

做人靠手腕，做事靠手段

成功的動力是對一切抱持成功的希望，在這個充滿競爭精神的社會，你會想去艱難的地方，跟競爭者短兵相接。

——理查．胡伯

用自信爭取你應得的權利

知道自己的價值在那裡，你就可以堅持「交易價格」，只要你有信心保證品質，你就絕對有權利爭取屬於自己應得的價值。

人生最艱難的事，並非是如何「做人」，也不是如何「做事」，而是同時具備做人做事的厚黑謀略。

不管做人或做事，都必須要有爲自己爭得權利的堅定信心和行動。

波姬絲是一家電視台的新聞主播，在這家電視台做了五年多，她的新聞節目被評為當地的第一流節目，可是五年下來，她卻沒有獲得應有的報酬。

當她與電視台重簽合約、談判時，電視台經理向她暗示，續簽合約是在照顧她，她應該感到幸運。

然而，她很清楚地聽出了經理話中的弦外之音：「妳隨時都可能被取代，不應該咄咄逼人。」

當她要求修改合約時，電視台經理大發雷霆，但是，她強烈地相信自己的價值，所以不願讓步。

這段時間，新聞部主任經常把她叫到辦公室裡，並對她的工作大聲指責，而且每次訓斥結束後，都會說：「把這個合約簽了吧！」

四個月過去了，波姬絲仍然毫不動搖，最後，電視台經理無計可施，不得不同意波姬絲提出的要求。

就在她簽訂合約之前，她把合約拿去徵詢一位律師的意見，律師建議她最好在措辭上做幾處小小的改動。但當她回到電台，告知他們此事時，他們暴跳如雷，對著她咆哮著說，他們的耐性已經到了極點。

即使這樣，波姬絲也絲毫不讓步。

最終，電視台只好根據雙方都能接受的意見，對合約的措辭上進行修改，簽訂了一項為期三年的合約。

對於這件事的過程，波姬絲說說：「如今，他們知道我是一個什麼樣的人，我說到做到，和我在一塊兒工作過的人都對我說，我應該要求比我真正想要的更多。不過，我不會那樣，我要求他們給我提供必要的條件，而不想奢求其他錦上添花的條件，我只要求我應得的。」

知道自己的價值在那裡，你就可以堅持自己的「交易價格」，只要你有信心保證品質，你就絕對有權利爭取屬於自己應得的價值，就像波姬絲一樣。

做人靠手腕，做事靠手段

真相往往是一顆難以下嚥的苦藥，但是，無論如何，我們不能讓幻想像野草似的繼續生長。

——茨威格

05 自作聰明，小心惹禍上身

人可以沒有大智慧，
但是絕對不要亂耍小聰明，
否則就會步上楊修的後塵，
為自己招來禍害，死得不明不白。

用人不疑的領導態度

領導者在寬厚待人的同時，只要能用人不疑，並給部屬充分的信任，自然能讓人才充分地發揮自己的聰明才幹。

要想成爲一個傑出的領導者，就必須嚴格地要求自己，做到寬厚待人、善於合作，以增強團隊的凝聚力。

有一年，魏國國君魏文侯決定派大臣樂羊率軍攻打中山國，問題是，樂羊的兒子樂舒當時正在中山國擔任重臣。

這個問題立即引起朝中大臣的爭議，他們認為，樂羊雖然善於佈兵打仗，但是這回卻是父子對立，樂羊恐怕不會全心全意為國效忠。

儘管朝中爭議頗多，但魏文侯卻沒有改變主意，依然派樂羊帶兵出征。

樂羊抵達中山國後，決定用圍而不攻的戰略，消耗中山國的糧食和水源，因而一連好幾個月，樂羊皆按兵不動，也不曾發動一兵一卒，朝中持反對意見的大臣見狀，紛紛上書魏文侯，要求撤換樂羊的職務。

然而，魏文侯仍然只是一笑置之，當朝中罷免的聲浪高張時，魏文侯反而派遣專使帶著酒食、錢糧去慰問樂羊，並且犒賞軍隊。

最後，樂羊終於按照原訂計劃攻克了中山國，凱旋歸國。

魏文侯當然非常高興，特意為樂羊舉行了一場盛大的慶功宴，而那些非議過樂羊的大臣們，個個都自覺慚愧，頻頻稱讚魏文侯用人不疑。

宴會結束，魏文侯賞給樂羊一個密封的木箱，樂羊回到家後打開一看，發現裡頭不是金銀珠寶，而是滿滿一箱大臣們彈劾他的奏章。

樂羊這時才明白，如果不是魏文侯對他的信任，不要說攻打中山國的任務不能完成，恐怕連自己的性命也難保了。

魏文侯是戰國初期的英明君主，流傳著許多諸如此類的故事，「用人不疑」的領導原則，使他能夠在大混戰的時代，率領魏國登上歷史舞台。

在樂羊伐中山國這個典故中，魏文侯的表現說明了身爲一個領導者，必須要寬容大度，虛心採納部屬的意見，即使他的想法與自己不相符合，也應該仔細考慮，找到合理的解決辦法。此外，當部屬犯錯時，或執行的任務不順暢之時，也千萬不要落井下石，應該眞心誠意地幫助他，找出錯誤的原因，進行修正。

領導者在寬厚待人的同時，只要能用人不疑，並給部屬充分的信任，自然能創造良好的工作條件，讓人才充分地發揮自己的聰明才幹。

做人靠手腕，做事靠手段

證據顯示，當人類面對不確定性時，所有的決定和選擇，都只是一再重複非理性、不一致性及無能而已。

——柏恩斯坦

領導者要有放手一搏的氣魄

身為一個領導者，應該讓部屬有良好的環境得以發揮才能，萬一遇到困境時，更應該有「用人不疑」，堅持自己的判斷。

春秋五霸之一的秦穆公，曾留下一段用人不疑的歷史佳話。

秦穆公登上歷史舞台之時，正值秦晉爭霸的關鍵時刻，晉國國君驟然病逝，秦穆公想要藉這個機會強行越過晉國，消滅晉國的鄰國鄭國。於是，秦穆公派孟明視、西乞術、白乙雨三位大將率軍出征，然而這個消息卻被晉軍截獲，於是晉軍趁機狙擊，反而讓秦軍全軍覆沒，三位大將們成為戰俘。

晉國為了趁機羞辱秦國，並沒有殺這三位大將，而是故意將他們放回秦國，請秦穆公自行處理。

秦國舉朝上下皆為此事感到羞憤不已，三位主將也恨不得以死謝罪，但秦穆公卻身穿縞素，親自到郊外去迎接他們，並為戰死的將士痛哭流涕，之後又向全國發佈了引咎自責的《秦誓》。

他說：「孟明視等人都是傑出的將領，他們因為寡人做了錯誤的判斷，而導致如此巨大的慘敗，但勝敗乃兵家常事，我想將軍們一定會振作起來，為國雪恥。」

這個動作果然奏效，孟明視等三位將領從此勤奮練兵，耐心地等待復仇的時機到來，好一雪恥辱。

誰知道，一年之後，孟明視等率領軍隊討伐晉國，卻依然慘敗，這種情況下，大臣們都認為，不能再繼續任用這三個酒囊飯袋了。

然而，秦穆公卻不顧眾人反對，仍然讓他們位列將相，並幫助他們整頓軍政。這也讓孟明視等將領更加忠誠，誓言一定要報答秦穆公的知遇之恩，實現《秦誓》所言，為國雪恥。

歷經三年的厲兵秣馬，孟明視三人再度率軍伐晉，這一戰秦軍勢如破竹，晉軍大敗潰逃，終於一雪國恥。

從秦穆公這個例子中，我們可以得知，身爲一個領導者，除了應該有寬廣的胸懷，還要有高瞻遠矚的用人眼光，給部屬良好的環境得以發揮才能。萬一遇到困境時，領導者更應該有「用人不疑」的氣度，堅持自己的判斷，與部屬同甘共苦。

這樣一來，才能讓部屬產生「士爲知己者死」的情緒，激發出必勝的決心和潛力，使工作得以順利推展。

做人靠手腕，做事靠手段

真正成功的人，就是能借助別人失敗的經驗，來讓自己學會更聰明地獲得成功。

——蘇格拉底

要讓私心變得名正言順

愚者只顧一己的私心，不管別人的需求和觀感，終究只是井底之蛙的格局，過度膨脹就會把自己的肚皮撐破。

歷史上許多事例都證明了愚者與愚者的差別。愚者只顧自己的私心，最終引起衆人的反感而一敗塗地，但是，智者不僅知道自己的私心，也瞭解別人的私心，懂得爲衆人謀求利益，所以成就傲人功業。

春秋時代，鄭國君主鄭莊公和他的弟弟共叔段都是姜氏的兒子。由於姜氏生鄭莊公時差點難產致死，因此對於鄭莊公相當厭惡，一點也不關愛這個兒子，只疼愛小兒子共叔段，還幾度企圖密謀要讓鄭武公廢掉鄭莊公，改立共叔段為太子。

為了共叔段，姜氏千方百計向鄭武公討了京地，讓共叔段成起了「京地太叔」。

大臣祭仲對鄭莊公說：「都城超過了百里，將會是國家的禍害，如今京地超過了它本應有的限度，不合先祖的體制，你將來會無法控制的。」

鄭莊公便說：「你等著瞧吧！那小子多行不義，必會自取滅亡。」

後來，「京地太叔」共叔段，開始在京地周遭劃出屬於自己的地域。

鄭國大夫公子日對鄭莊公說：「假如您打算把鄭國送給共叔段，那我就侍奉他；您如果不甘心讓位於他，那麼請您讓我除掉他！」

鄭莊公淡淡地說：「用不著除掉他，他會自己惹禍上身的。」

只見企圖心日益壯大的共叔段，把原來劃出的地域正式收為自己所有。

大臣於封便警告鄭莊公：「土地廣大會得民心。」

鄭莊公卻仍然堅持說：「共叔段多行不義，不能籠絡民心，會因此而垮台的。」

於是，共叔段繼續修葺城牆，製造武器步車，計劃與姜氏裡應外合，襲擊鄭莊公。

鄭莊公聽到共叔段發動突襲的消息，連說：「太好了！」

於是，命令大隊人馬伐京，而京地的人民也背叛共叔段，紛紛臨陣倒戈，讓共叔段不得不倉皇逃走。

共叔段與姜氏二人目光短淺，只注意自己的小利，因而自取滅亡；鄭莊公則因胸懷大志，等待時機成熟，以正義之師出兵討伐，所以能一舉得勝，獲得人民愛戴。

所謂「人無私心，天誅地滅」，一般人爲了滿足自己的需要，或者是實現自己的理想願望，有時候難免會有私心或做出傷害他人的事。

但是，這樣的私心也有智愚的區別，可說是成敗的關鍵。

愚者只顧一己的私心，不管別人的需求和觀感，終究只是井底之蛙的格局，過度膨脹就會把自己的肚皮撐破。

唯有智者知道必須把自己的私心和眾人的利益結合，讓私心變得名正言順。當眾人的需求得到滿足後，自然自己也會得益，開創出一片全新的遠景。

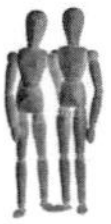

做人靠手腕，做事靠手段

設法讓別人的鐮刀，心甘情願地割在你的麥穗上，是成功者必須具備的條件之一。

——賀拉斯

自作聰明，小心惹禍上身

人可以沒有大智慧，但是絕對不要亂耍小聰明，否則就會步上楊修的後塵，為自己招來禍害，死得不明不白。

在現實社會中，我們常常可以看到，有些人明明有才有識，但是他們越表現自己，大家就越要孤立他們，有機會的時候，還會設法扯扯後腿，這是因爲他們不懂得做人做事的哲學，只不過自作聰明的大傻瓜。

現代社會，除了金光黨之外，故意裝瘋賣傻的人少了很多，可是自作聰明的人卻仍然處處可見。這些自作聰明的人眞的聰明嗎？恐怕不見得吧！

名列建安七子的楊修是曹操陣營裡的主簿，以思維敏捷、才華過人著稱。

有一回，曹操率領大軍在漢中迎戰劉備，雙方在漢水一帶對峙很久時，曹操由於長時間屯兵，已經到了進退兩難的處境。

有一天夜裡，大將夏侯惇入到主帥帳內請示夜間崗哨號令，曹操此時見晚餐中有根雞肋，有感而發，隨口說道：「雞肋！雞肋！」

於是，夏侯惇便把「雞肋」當作號令傳了出去。

行軍主簿楊修聽到後，隨即叫士兵們收拾行裝，準備撤軍事宜。夏侯惇感到奇怪，就把楊修叫到帳內詢問詳情。

楊修解釋道：「雞肋雞肋，棄之可惜，食之無味。如今的局勢是進不能勝，退恐人笑，屯駐在此處又有何益？不久丞相必定會下令班師。」

夏侯惇聽了之後非常佩服，營中各位將士便都打點起行李。

但是，當曹操得知這種情況之後，不禁勃然大怒，最後便以楊修造謠惑眾、擾亂軍心的罪名，把他處斬。

楊修的確猜中了曹操的心思，但是肆無忌憚耍弄小聰明的結果，卻爲自己惹來殺身之禍。

試想，在兩軍對陣的非常時刻，曹操怎麼容得下楊修代他發號軍令？人可以沒有大智慧，但是絕對不要亂耍小聰明，否則就會步上楊修的後塵，爲自己招來禍害，死得不明不白。

當然，這並不是教你當個裝瘋賣傻的小丑，而是強調該聰明的時候要放聰明一點，不應該聰明的時候就要「沉默是金」。

裝瘋賣傻只是愚人的伎倆，或是在危急狀況下不得已而採用的手段，平時何必糟蹋自己去做這種事？

只是，有些事心裡知道就好，千萬不要爲了顯示自己很聰明而說出來。

做人靠手腕，做事靠手段

理性的人會做出對他最適合或最有用的選擇，依照他的知識與能力，依照他既有的喜愛與偏好，做出最好的選擇。

——大衛．赫希萊弗

懂得變通，才會成功

平時多用心設想各種可能發生的狀況，當變故發生之時才不會手忙腳亂，犯下致命的錯誤而付出慘痛的代價。

很多人習慣把聰明和變通掛在嘴上，但是絲毫不知所謂的聰明，不是智力測驗得到的成績，而是對事物的感受能力和理解能力；所謂的變通也不是毫無遠見的求新求變，而是看清事物本質所做的各種努力。

在現實社會中，唯有隨時捉緊社會需求，隨時扣緊生活脈動，我們才能不擔心跌倒，更能在跌倒前緊捉生命的新契機，看見生命更精采的一面。

日本阿托搬家公司的創始人寺田千代的丈夫原來是駕駛卡車的司機，然而中東戰火導致石油危機發生之後，運輸行業開始衰落，他也面臨了失業的命運。有一天，寺田千代偶然在報紙上看到，有些家庭每年都要為搬家支出大筆費用，這則消息給了她全新的靈感，鼓勵丈夫自行創業。

寺田千代和丈夫計劃成立了搬家公司之後，為了讓業務增加，首先想到了如何運用電話簿的功用。

當時，一般人想要尋找搬家，都會從電話號碼簿上查找搬家公司的電話號碼，她也發現，日本的電話簿是按行業分類，同一行業再按日語字母排序。

因此，寺田千代巧妙地把自己的新公司命名為「阿托搬家中心」，這使得它在同行業的電話簿排列中排行首位，在顧客選擇搬家公司時佔有更高機率，接著她又選了一個既醒目又好記的電話號碼。

公司正式開張後，她開始為搬家技術進行了一系列的革新。

在大多是高樓公寓的日本，她設計了搬家專用的箱子和吊車，同時向顧客提供與搬家有關的服務配套，包括代辦清掃消毒、申請換裝電話、子女轉學及解決廢棄物等三百多項瑣碎事務。

此外，奪田千代還打破了「行李未到，家人先到」的搬家常規，將既無奈和煩人的搬家，變成了終生難忘的旅行。

她向歐洲最大的車廠巴爾國際公司，訂做了一台命名為「廿一世紀之夢」的搬家專用車。這種車前半部分成上下兩層，下層是駕駛室和置物空間，上層是可以容納六個人的豪華客廳，裡面有舒適的沙發，嬰兒專用的搖籃，還裝有電視機、組合音響、電冰箱、電視遊戲器……等設施。

當這個新型搬家車在電視廣告中一曝光後，預約搬家的客戶立刻蜂擁而至，使得客源方面無後顧之憂。

寺田千代後來也被評為，全日本最活躍的女企業家之一。

這個例子說明了，不管從事什麼行業，都難免面臨景氣的榮枯循環，在景氣好的時候要設法力爭上游、精益求精，在景氣陷入低迷的時候則必須懂得變通，才會遇上峰迴路轉的契機。

所以，經營者應該不斷就市場需求和消費習慣的變化，調整產品結構和經營戰略，並不斷地適應市場需要，才能使自己立於不敗之地。

走在人生的旅途上，做人做事的道理也是相同的，平時就必須多用心設想各種可能發生的狀況，如此一來，當變故發生之時才不會手忙腳亂，犯下致命的錯誤，付出慘痛的代價。

做人靠手腕，做事靠手段

我們追求的目標是，不只要比競爭者做得更好，還要把品質提升到煥然一新的境界，改變競爭情勢。

——傑克．威爾許

出奇制勝，才是成功的捷徑

人是善變的，任何一種產業都在不斷改良以適應市場不斷改變的需求，所以應該出奇制勝，用自己獨到眼光去發現別人未做過的事業。

許多人都抱怨自己比別人聰明能幹，但就是因爲欠缺機會和運氣，日子才會過得不如意，但眞的是如此嗎？

在瞬息萬變的競爭社會裡，與其把時間浪費在開會、空談上，不如把握時機，當機立斷，發揮自己的決斷力，才能搶先一步，贏得先機。

十九世紀中葉，美國加州出現現一股尋金熱，許多人都懷著發財夢爭相前往。當時，一個十七歲的小農夫亞默爾也想去碰碰運氣。然而，他卻窮得都連船票都買不起了，只好跟著大篷車，一路餐風宿露趕往加州。

到了當地，他發現礦山裡氣候乾燥，水源奇缺，而這些尋找金子的人，最痛苦的事情便是沒水喝。許多人一邊尋找金礦，一邊抱怨：「要是有人給我一壺涼水，寧願給他一塊金幣！」

這些牢騷，居然給了亞默爾一個靈感，心想：「如果賣水給這些人喝，也許會比找金礦賺錢更容易。」於是，他毅然放棄挖金礦的夢想，轉而開鑿渠道、引進河水，並且將引來的水過濾，變成清涼解渴的飲用水。

他將這些水全裝進桶子裡或水壺裡，並賣給尋找金礦的人們。

一開始時，有許多人都嘲笑他：「不挖金子賺大錢，卻要做這些蠅頭小利的事業，那你又何必離鄉背井跑到加州來呢？」

對於這些嘲笑，亞默爾毫不為所動，專心地販賣他的飲用水，沒想到短短的幾天，他便賺了六千美元。在許多人因為找不到金礦而在異鄉忍饑挨餓時，發現商機而且善加運用的亞默爾，卻已經成了一個小富翁。

不要一窩蜂跟著流行，這樣只會把市場的惡性競爭提高，在相互砍價的割喉戰之後，不但損失了品質，到後來還會入不敷出，面臨破產的危機。

凡事都要想到別人還沒有想到的一面，方法也必須講求創新，因爲人是善變的，任何一種產業都必須不斷地改良，以適應市場不斷改變的需求。

有人說：「凡事第一個去做的人是天才，第二個去做的人是庸才，第三個去做的人是蠢才。」但是，我們偏偏看到，有的人即使編號第一千萬個，即使擠破頭也改不了一窩蜂的本性。其實，想成功就應該出奇制勝，用自己獨到眼光去發現別人未做過的事業，這才是成功的捷徑。

做人靠手腕，做事靠手段

了解競爭對手的實力比了解自己的實力更為重要。打仗的關鍵，在於你該針對競爭對手採取什麼戰術，而不是拿戰術來配合自己。——賴茲

你是老闆不是總管

領導者要學會運籌帷幄之中，決勝千里之外，充分調動每個下屬的積極性，整個機構就會像一台精良的機器一樣流暢地運轉。

在我們身邊，常常可以看到這樣的領導者，整天勤勤懇懇，早來晚走，無論大事小情，樣樣親力親爲。

這樣做的確非常努力，又十分辛苦，但所負責的工作卻常常雜亂無章。

這些領導者像陀螺一樣，從早轉到晚，不停地轉，問他到底在忙什麼，問十次，能得到十個不同的答案。

高明的領導者應該怎樣處理繁雜的事務呢？下面舉出兩個事例。

漢宣帝時有一位宰相名叫丙吉，有一年春天，丙吉乘車經過繁華的都城街市，撞見有人群鬥，死傷極多，但是他卻若無其事地通過現場，什麼話都沒說，繼續往前走。

不久又看到一頭拉車的牛吐出舌頭，氣喘吁吁，丙吉馬上派人去問牛的主人到底怎麼一回事。

旁邊的隨從看見這一切，覺得很奇怪，為什麼宰相對群毆事件不聞不問，卻擔心牛的氣喘？如此豈不是輕重不分，人畜顛倒了嗎？

於是，有人鼓起勇氣請教丙吉。

丙吉回答他：「取締群毆事件是長安令或京兆尹的職責，身為宰相只要每年一次評定他們的勤務，再將政績上報給皇上就行了。宰相對於所有瑣碎小事不必一一參與，因此，路上取締群眾圍鬥不需要我的參與。」

「我之所以看見牛氣喘吁吁要停車問明原因，是因為現在正值初春時節，牛卻吐著舌頭氣喘不停，我擔心可能有陰陽不調的氣候。天道與人事常常共通，自然界的陰陽失調也往往意味著政治的得失。宰相的職責之一就是要順調陰陽，所以我才特地停下車詢問原因何在。」

眾隨從聽後恍然大悟，紛紛稱讚宰相英明。

從這個故事可以看出，領導者必須要能隨機應變，應下功夫做的事情有三大類：第一是對大局的判斷和掌握，第二是調整團體的能力，第三是讓部下各盡所能，充分發揮他們積極性。

「六出奇計安天下」的陳平在年輕時就協助劉邦打天下，對劉邦的成功貢獻很大，陳平晚年被漢文帝任命為宰相。

有一天，文帝同時召見左丞相陳平和右宰相周勃。

文帝首先問周勃：「全國一年中判決的案件有多少？」

周勃回答：「臣不肖，對這件事不甚清楚。」

文帝又問：「那麼，國庫一年的收支大概多少呢？」周勃仍然回答不出，十分慚愧，急得汗流浹背。

接下來文帝又問陳平同樣的問題。陳平回答：「關於這些問題，我必須詢問負責人才能知道。」

文帝又問：「誰是負責人呢？」

陳平回答：「陛下若問判決案件的情況，可以詢問廷尉；問錢糧收支的情況，可以詢問治粟內史。」

文帝步步緊逼，說道：「倘若所有職務都各有所司，那麼宰相又負責什麼呢？」

陳平冷靜地回答：「宰相一職，對上輔佐天子調理陰陽，順應四時，對下養育萬物適時生長，對外鎮撫四夷和諸侯，對內愛護團結百姓，使公卿大夫各自能夠勝任他們的職責。」

文帝聽完這番話，不由得點頭稱是。

不久周勃託病辭職，此後便由陳平一人獨承宰相大任。陳平一向的作風，正如他自己告訴文帝的，是針對每個人的才能賦予應做的工作，自己則加以督導。陳平因指揮得宜，被後世譽為名相。

從陳平的行爲可以看出，領導者用不著事必躬親來顯示自己的聰明才幹，有的時候要學得「糊塗」一點，該放手時就要放手。要學會運籌帷幄之中，決勝千里之外，充分調動每個下屬的積極性，使其各盡所能，各安其職，這樣整個機構就會像一台精良的機器一樣流暢地運轉。

對於這個問題，許多外國商業精英有同樣的看法。

英國大出版家諾茨可里夫生平所做的事業極多，如果換成別人，早已忙得不可開交，但是他仍能從容不迫，應付自如。

許多朋友對於他這樣的才幹深覺驚奇，他說：「我自己只擔任指揮工作，一切機械式的事情都交給那些能夠勝任的人。我深知要成就事業，最重要的是時時創新的計劃、指揮得法和監督不懈。至於那些凡是助手能夠辦妥的工作，我盡可不必動手。」

諾茨可里夫曾經做過一次實驗，有一次他把辦公室和工廠的重要主任職員調開十人以上，結果發現整個組織的運作絲毫不受影響，一切工作仍能照常進行。

其實，這是一個極爲平凡的訣竅：「把各種瑣事儘量交給部屬去做。」

不過，切記，你之所以要把瑣事交給下屬去做，是因爲你需要去思考更重要的事情，需要去制定新的關係到整體發展的計劃，並且視情況變化採取因應之道，這些工作才是你的分內之事。

做人靠手腕，做事靠手段

如果我們未曾嘗試改變一些事情，我們就會成為自己失敗的幫兇。我們沒有一個人可以逃得了失敗所產生的壓力。

——馬克・麥考梅克

用人不疑，疑人不用

除了運用自己的權力給人創造發揮才幹的機會之外，還要能在流言如矢的情況下，持信而不移，並且在遇到困境時，能與下屬同甘苦、共患難。

想成爲一個卓越的領導者，必須懂得領導統御藝術。而且在領導部屬的過程中，激發部屬的辦事效率與眞正能力。

用人不疑，就是對自己的屬下充分的信任，不要動不動就質疑對方的能力和忠誠度。必須創造良好的前提條件，讓他們獨立地發揮才幹。

如果對對方有所懷疑，還不如乾脆不予重用，否則不僅無法發揮下屬的積極性，下屬也會因爲你的懷疑而產生棄你而去的想法。

經此一戰，秦國國威大振，秦穆公也成為了「春秋五霸」之一。

三國時代，東吳的君主孫權有一次準備攻打荊州，想讓大將呂蒙和自己的堂弟孫皎一起擔任總指揮。

可是呂蒙卻說：「主公若認為呂蒙可用則獨用呂蒙；若認為叔明（孫皎字）可用則獨用叔明。」

孫權最終信任呂蒙，單獨任命他為總指揮。

呂蒙之所以這麼說，是因為他知道，有的工作需要多人合作，有的工作卻必須一人獨專才行。指揮軍隊就屬於將令統一、獨斷專行的工作。如果兩個人性格不同，意見產生分歧，對軍隊的戰鬥力是一個很大的削弱。孫權也正是瞭解了這個道理，才給予了呂蒙足夠的信任。

結果在這場攻打荊州的戰爭中，鎮守荊州的蜀國大將關羽「大意失荊州」，被東吳奪取了荊州的大片土地。

要做到用人以信、用人不疑並不是件容易的事，除了能運用自己的權力給人創造發揮才幹的機會之外，還要能在流言如矢的情況下，持信而不移，並且在遇到困境時，能與下屬同甘苦、共患難。

用人並不只是以消極的態度等待部屬發揮才幹、創造佳績，而是以積極的態度參與其中，隨時局變化有所應變，任用並相信適當的人，才能增強下屬的信心，讓他們發揮應有的能力。

做人靠手腕，做事靠手段

現代人很有趣，雖然有些人樂觀進取，有創意和智謀，但我認為它代表的是大部分人的心靈退化，很容易就被騙、被說服。

——康拉德

怪別人，當然比怪自己容易

人最大的弱點就是看不見自己的缺點，人最大的盲點也是看不見自己的缺點。

某家公司謠傳出現了財務危機，營業額大幅下降，使公司面臨了前所未有的重大考驗，人事部甚至傳出風聲可能即將裁員以維持公司營運。

因此，董事長特別召集全體員工，開了一次緊急會議，並請各部門主管檢討營業額下降的原因。

首先，甲主管比較了其他同業的銷售現象，接著，乙主管分析了市場全面不景氣的因素。

說著說著，輪到第五個主管開始報告時，董事長再也按捺不住，猛然站起來，故意將咖啡灑在乾淨的地板上，並宣佈：「會議暫停五分鐘，請工友進來清理一下。」

大夥兒見到這個突如其來的舉動，全都嚇呆了，個個屏氣凝神，不知道董事長到底要做什麼。

正當工友清理地面的同時，董事長平靜地對大家說：「比起前一任工友，現在的工友取代了他，得到了這分工作，並替自己創造了經濟利益。現在你們也是一樣，面對同樣的地區、同樣的對象、同樣的商品，但是營業額卻比不上從前，這究竟是誰的錯呢？」

全體員工開始低著頭省思，主管們也總結了自己的錯誤，第二年，該公司的營業額終於突飛猛進，打破了歷年來的紀錄。

人最大的弱點就是看不見自己的缺點，人最大的盲點也是看不見自己的缺點。考試考砸了，一味推說老師出的題目刁鑽古怪，會的都不考，就是不怪自己不用大腦。

上班遲到，我們抱怨政府不把交通整頓好，連騎機車也會塞車。

小孩做錯事，我們罵他們不長進、不受教，怎麼就是沒繼承大人的優良血統呢？

然而，這眞的都是別人的錯，完全不關自己的事嗎？還是只因爲怪別人比怪自己容易，推卸責任比承擔過錯來得簡單呢？

知難行易，知易行難，這又是誰的錯呢？

做人靠手腕，做事靠手段

使我詫異的是，任何一個人未反省自己之前，何以能厚著臉皮去責怪別人。

——毛姆

06

見機行事 就能創造優勢

懂得見機行事，就能創造自己的優勢；
只要能夠隨機應變，適時以退為進，
就能創造無限商機。

對人用心就能得到人心

能夠記牢對方的姓名，最容易讓人產生良好印象，這種本領在交際場合中大有用處。

相傳，袁世凱有個特殊的本領，無論何人，只要見過一次面，第二次相見時就能說出對方的姓名。某學者與袁世凱曾有一面之緣，某次因事到「總統府」拜訪他，袁世凱一見到他，便握手直呼某先生。

對於袁世凱能認得見過一次見面的客人，大家都感到很驚奇。袁世凱的記憶力確實異於常人，究竟有何特別要訣，外人不得而知。不過，若能夠記牢對方的姓名，最容易讓人產生良好印象，這種本領在交際場合中大有用處。

例如，某人對你十分熟悉，你偏偏叫不出他的姓名，雖然可以用含糊的方法敷衍過去，但心裡終究覺得不安。有時因爲身份的關係，別人不便先招呼你，你卻應該先向他打招呼，這時你如記不起姓名，不去招呼，可能被誤認是自大傲慢、目中無人，這就不妙了。

所以，要在交際場中佔優勢，熟記對方的姓名是一件必不可少的功夫。

有的老師能夠在初見面就叫出學生的姓名，並非憑藉什麼神秘方法，而是預先做一種別人不肯做的功夫，就是拿學生的照片來反覆辨認。

普通人通常不肯下這種煩瑣而乏味的功夫，其實要熟記陌生人的姓名，從照片上認識相貌，同時與姓名一齊熟記，是很容易辦到的事。

如果你即將遇見的人，但手邊沒有照片，那麼預讀照片的辦法便無法應用了。這時不妨用見面的機會，細細辨認一下對方有什麼特徵，比方身材特別高，是個彪形大漢；身體細長，像個電線桿；雙目明亮，或細如鼠目；嘴特別大，鼻子特別高；頭上禿頂，常戴帽子；走起路來，一拐一拐的；或者雙耳招風，即使用頭髮也遮不住……

人都有特徵，有的人還不止一種，把他的特徵作爲新奇事物看，同時與姓名連在一起，在短時間內一再反覆辨認，自然就會記得很熟了。

不過，還有一點必須注意，在記住對方特徵時，態度必須自然，不要顯出正在辨認的神情，使對方察覺。這當然也要有點小聰明，若是雙目盯牢，端詳不已，是很不禮貌的行爲。尤其面對女性，光是這種動作就足以使人面泛紅暈，侷促不安了，不可不慎。

做人靠手腕，做事靠手段

所謂的形象當然是虛假的，我必須鄭重地告訴你，這就像是一份報紙裡面，其實只有廣告頁稍微可以相信。

——湯斯瑪．傑佛遜

見機行事，就能創造優勢

懂得見機行事，就能創造自己的優勢；只要能夠隨機應變，適時以退為進，就能創造無限商機。

許多人也許都有過這樣的經驗：在買東西的時候，買方和賣方都要講價，如果殺了半天還是不能達成交易，買方通常都會表示「不買了」，然後做態離去。這時，賣方往往會因害怕失去這個顧客而讓步。

這種手段，就是所謂的欲揚先抑、以退爲進。不過，並不是所有人都能夠將這種手段運用得恰如其分。

有一次，一個美國畫商看中了一個印度人帶來的三幅名畫，印度人說每幅要賣兩千五百美元，畫商嫌貴不同意。當時這樣一幅畫的價格大約在一千美元到一千五百美元之間，畫商哪裡願意多出那麼高的價錢買呢？

雙方討價還價了半天，還是不能夠達成協定。這時印度人好像被惹火了，怒氣沖沖地跑出去，拿出火柴，居然把其中一幅畫燒掉了。

美國畫商見到這麼好的畫頃刻之間化為灰燼，又是遺憾又是惋惜，連忙向印度人求購剩下的兩幅畫。

可是這時，印度人竟然把每幅畫的價錢加價到四千美元。

「你難道發瘋了嗎？」畫商又拒絕了這種不合理的價格。

印度人二話不說，立刻又燒掉了其中的一幅。

畫商害怕這個瘋狂的印度人把最好的一幅名畫也燒掉，只好乞求道：「可千萬別燒這最後一幅啦！」又問印度人願賣多少錢。

印度人毫不客氣地要價八千美元。

畫商雖然覺得昂貴，但還是掏錢買了下來。結果，印度人靠這最後一幅畫獲得的利潤，竟比原來有三幅畫的時候還多。

物以稀爲貴，尤其是古董、畫作等美術品，通常都是根據現存量的多寡來決定是否具有較大的升值空間。當在較低的價格時不能夠成交，印度人以退爲進，用燒毀作品的方式表示「寧可燒了它，也絕不以低價成交」。結果，這種看似糊塗的舉動反而收到了奇效。

戰國的時候，宋國有個商人叫監止子。有一次，監止子在市場上看到許多人在爭購一塊上好的璞玉。這塊璞玉雖然還沒有經過雕琢，但監止子一眼就看出它的價值遠遠超過賣方現在標出的價格金百斤以上。

監止子很想把這塊璞玉買下來，但他看到此時買家眾多，都想把它據為己有，而且他又不願意付出過高的價格。

於是，監止子假裝有意購買，把璞玉拿起來仔細地辨識。接著，他又假裝一個不小心把璞玉掉在地上，璞玉被摔出了一個缺口。

圍觀的買家立刻表示惋惜，紛紛離去了。賣玉的人十分憤怒，認為監止子毀壞了他的寶貝，要拉監止子去見官。

監止子說：「你不要生氣，是我不對，我願意賠償你的損失。」於是，監止子就用賣者最初標出的價錢金百斤將璞玉買下了。

等到回去以後，監止子找來能工巧匠將璞玉雕琢而出，並且將摔缺的一角補好。這塊美玉的價值立刻上升到了金千斤，比他付出的價錢高出了十倍。

懂得見機行事，就能創造自己的優勢；只要能夠隨機應變，適時以退爲進，就能創造無限商機。

做人靠手腕，做事靠手段

人必須保持樂觀進取的精神，因為，最顯而易見的現象是，我們從來沒有見過悲觀的富翁。

——艾倫．布里德

費盡全力不如借力使力

神部借用報紙廣告來混淆社會的視聽，創造對自己有利的局面，利用偷樑換柱、魚目混珠的借力使力方式達到最終目的。

在瞬息萬變的競爭中，身爲一個企業領導者，無可避免地必須面對比過去更劇烈的環境變遷，以及競爭對手的無情挑戰，因此更必須懂得運用本身的智慧，將努力用在最有效益的地方。

古人云：「青蠅飛不過數武，附之驥尾可達千里。」

意思是，蒼蠅雖然飛不了多遠，可是由於依附在千里馬的尾巴上，就可以借助它的力量飛到千里之外。這種借助強者的力量發展自己的方法，是一種省力的捷徑。

日本的間組公司專營建築大壩和隧道。在第二次世界大戰結束後，日本迅速復興，到處都在進行建設，用電量很大，鐵路和公路也加速施工，間組公司的業務發展得很快，堪稱「大壩之王」，但與建築業的鹿島、大成、清水、大林、竹中等所謂的「五大公司」相比，還有很大的差距。

間組公司的董事長神部滿之助對此很不服氣。從實力來看，間組公司不僅無法與「五大公司」相比，實力排在它前面的大建築公司還有很多。如何勝過這些公司，在城市建築業中佔有一席之地呢？

神部想出了一個看起來有些糊塗的辦法。他向日本各大報社支付了一筆鉅額廣告費，要求報紙刊登「五大公司」的廣告時，將間組公司也列入其中，並且在以間組公司的名義做廣告的時候，也將「五大公司」登在前面。

對報社來說，既然能收入鉅額廣告費，自然是滿口答應；對「五大公司」而言，覺得間組公司花錢替他們打廣告，對自己有利而無害，也無異議。

於是，報紙上間組公司的名字經常與「五大公司」同時出現，引起了同行們譏諷和嘲笑。有人當著神部的面稱間組公司為「第六大公司」，見了他就開玩笑地說：「第六大公司的經理來了！」

神部卻泰然自若地答應，根本沒把人們的議論放在心上。

甚至連他的女兒在學校裡也受到了嘲笑。女兒向他哭訴道：「同學都說我們是騙子公司，罵我是騙子的女兒。」

神部安慰她說：「是不是騙子，最後才能定論。別看罵妳的人現在神氣，總有一天，妳可以加倍回敬他們。」

不管業內的人如何嘲笑他們，由於報紙廣告的作用，在普通人的心目中，間組公司儼然已經是建築業的第六大公司了。於是，越來越多人找該公司承建大樓，公司也全力而為。

間組公司在社會上慢慢有了聲譽，生意越接越多，將許多原本排在間組公司前面的大建築公司都甩到了後面。幾年以後，神部的願望實現了，間組公司終於名副其實地成為日本的第六大建築公司。

神部借用報紙廣告來混淆社會的視聽，確實有「騙人」之嫌，就好像「濫竽充數」之中的南郭先生一樣。

但是，這個「南郭先生」不甘心永遠做別人的陪襯，反而利用這個機會鍛鍊自己的能力。所以，間組公司最後可以由名不符實的第六大公司搖身一變而成爲名副其實的第六大公司。

神部懂得利用情勢，創造對自己有利的局面，利用偷樑換柱、魚目混珠的借力使力方式達到最終目的。

做人靠手腕，做事靠手段

在生命中沒有任何一個年齡或時間，也沒有任何立場或情況，能讓人永遠維持成功。任何年齡都是朝成功努力的開始。

——傑洛大主教

待人寬厚，才能獲得真正的支持

人會親近具有良好德行的人，是天性，也是自我保護的潛意識使然，所以若想要得到他人的支持，行事就不能太過不擇手段。

捷克文學家夸米留斯曾經說：「對於事實的健全判斷，是一切德行的基礎。」

行道德之事，並不是全然是受到良心驅使或社會規範。很多時候，將事情的輕重緩急、利弊得失都分析清楚後，我們會發現，良好的德行，不但不會損害既得利益，反而更能增加優勢。

秦朝滅亡後，項羽與劉邦展開了長達四年之久的「楚漢相爭」。當時戰況非常激烈，劉邦派手下大將彭越鎮守外黃城，楚霸王項羽則親自帶兵進攻，連戰數日，花了很大代價，終於把外黃城攻破，彭越棄城而逃。

項羽進城後，對城裡老百姓主動幫助彭越守城的行為十分惱火，便下令將城中十五歲以上的男人全都綁起來，拘押在城東，打算全部活埋。

消息傳出後，老百姓驚恐萬分，就在這危急關頭，外黃城有位十三歲少年，為了救出即將被活埋的同胞百姓挺身而出，求見楚霸王。

「你這男娃，好大膽子，敢來見我！」項羽雙目圓睜，厲聲對少年大喝。

只見少年冷靜沉著地回答道：「大王起兵滅秦，救民於水火之中，乃百姓之父母。我作為百姓中的一員，自然是您的孩子，孩子求見父母，不是人之常情嗎？」

一向都喜歡聽奉承話的項羽聽了這話，隨即轉怒為喜，於是和氣地問少年：「找我有什麼事，你就直說。」

少年不慌不忙地說：「外黃城裡的老百姓，早就盼望大王來，但在彭越武力威逼下，只好聽他擺佈，無法開城迎接。現在終於歸順，本是好事一件，可是外面有人謠傳，大王要把城裡十五歲以上男子全都活埋，我以為您對百姓仁慈，是絕不會這樣做的，而且活埋百姓，只有壞處，毫無好處。因此，我請求大王張貼佈告闢謠，以安定民心。」

脾氣暴躁的項羽聽到這裡，早已按捺不住，生氣地打斷少年的話，厲聲責問他：「你倒說說，活埋這些刁民有什麼壞處？你要說得有道理，我就放了他們，否則連你也一起活埋！」

少年微笑著說：「大王是個明理人，古語說得好，得人心者得天下。要活埋這些手無寸鐵的百姓毫不費力，可是外黃城四周還有不少城池，那裡的人要是聽說大王活埋了已歸順的無辜百姓，誰還敢再開城門迎接您呢？他們只好選擇拚命地幫助劉邦守城，以求保存自己的性命。結果是大王四面樹敵，失去民心，對您只有壞處，毫無好處啊！」

這番話恰好擊中了項羽的要害，心想：「是啊！如果老百姓都站在劉邦那一邊來反對我，那我今後怎麼能取勝並奪得天下呢？」於是立即刻下令釋放了所有被拘押的男丁，並貼出安民告示，不再傷害百姓。

果然，其他地方的居民聽說這個好消息，紛紛大開城門，外黃城以東的十多座城池也全部不戰而降，歸屬楚軍。

項羽坑殺百姓的惡行不但損及個人威望和形象，也讓許多原本有意歸降的人民轉而投靠對方勢力，原因只有一個，就是因爲怕死。這樣一來，在無形之間，項羽已經爲自己增加了數不清的敵人，帶來更多難以應付的額外麻煩。

人會敬佩、親近那些具有良好德行的人，這是人類天性，也是自我保護的潛意識使然，所以，我們若想要得到其他人的支持，就必須掌握做人做事的藝術，不能太過嚴酷、不擇手段。

做人靠手腕，做事靠手段

如果你抱著誰都不得罪的想法，那麼，你可能就永遠也不會給大眾留下深刻的印象。

——傑米．巴列特

藉機分辨身邊的忠臣和奸人

企業或組織的內部，下屬之間總是難免出現諸多的矛盾與紛爭。當這種情況出現，領導者一定要辨明局勢，見機行事分清是非。

戰國時期的楚莊王即位之初，有三年的時間不理政事，終日只是縱情享樂，甚至在國內貼出告示：「敢進諫者處以死刑」。儘管如此，大臣中仍然有人對楚莊王的行為表示擔憂。

有一天，大臣伍舉冒死請求覲見莊王，他先說明並不是進諫，而是請莊王猜謎。他的謎語是：在城外的山崗上有一隻鳥，這隻鳥有三年的時間既不飛也不叫，請問大王這是個什麼鳥？

楚莊王回答：「此鳥三年不飛，但一飛沖天；三年不鳴，但一鳴驚人。你想說的話我心中有數。」

可是，又過了幾個月，莊王依然故我，甚至變本加厲。這回大臣蘇從挺身而出，直言不諱地批評楚莊王。

楚莊王提醒他：「你應該看到寡人貼出的告示了吧？膽敢進諫的人將被處死。」

蘇從毫不猶豫地回答：「若大王能因此覺悟，臣就算死了也毫無怨言。」

自此以後，楚莊王突然不再縱情享樂，開始致力於政治革新。他首先對那些過去三年中圍繞在他身邊、與他一起吃喝玩樂的人予以處分，接著任命曾經冒死進諫的伍舉和蘇從為重要骨幹。

原來，楚莊王是一個很有謀略和才幹的領導者，並不是爲了享樂而享樂，而是故作昏庸，利用這段時間暗中觀察臣子們，從中分辨出哪些是可用之才，哪些是無用之人。一旦著手進行改革，便一舉淘汰小人，革新國政，手法十分高明。

有些領導者，被身邊一群阿諛逢迎的小人包圍著，耳朵聽到的都是順耳的奉承話，對於敢於直言提意見的人卻敬而遠之，甚至進行打壓。如果這些領導者能夠借鑑楚莊王的做法，相信必能辨明良莠，「一鳴驚人」地有所作爲。

任何企業或組織的內部，下屬之間總是難免出現諸多的矛盾與紛爭。當這種情況出現的時候，領導者一定要辨明局勢，見機行事，分清是非。在這一點上，年僅十四歲的漢昭帝就已經做到了。

雄才大略的漢武帝臨死前，立八歲的劉弗陵為皇太子，並囑託大將軍霍光、金日磾、上宮桀三個大臣輔政。武帝死後，劉弗陵即位，是為漢昭帝。在三個輔政大臣當中，金日磾死得最早，剩下的霍光、上官桀二人意見常常不一致，矛盾很深。

上官桀早年與昭帝的哥哥燕王劉旦的關係很好。劉旦曾因與謀反的人有所牽連而受到朝廷的處分，沒當上皇帝。昭帝繼位後，上官桀與劉旦仍然保持著私下的來往，並商量好時機一旦成熟，就推翻昭帝，立劉旦為帝。正因為如此，他們便把霍光當成陰謀篡權的最大障礙，處心積慮地打擊他。

一次，霍光外出檢閱御林軍，事後把一個校尉調到大將軍府裡來商議事情。上官桀便抓住這件事大做文章，讓自己的親信模仿燕王劉旦的口氣和筆跡寫了一封信給皇帝，派心腹假扮燕王的使臣送進了宮裡。

十四歲的漢昭帝接到這封「燕王的來信」，打開一看，只見上面寫著：「據聞大將軍霍光外出檢閱御林軍，居然乘坐和皇上一樣的車子，又自作主張擅自調用校尉，可見他心有異志。我擔心他對皇上不利，願意奉還燕王的玉璽，到京城來保衛皇上。」

昭帝看了一遍又一遍，一句話不說只把這封信放在一旁。

第二天早朝，霍光聽說燕王上書告發他，心裡很害怕，在偏殿的畫室裡等待發落。漢昭帝臨朝時，不見霍光，便問：「大將軍為何未來？」

上官桀幸災樂禍地回答說：「大概是因為被燕王告發，不敢入朝。」

漢昭帝派人去請霍光，霍光見到昭帝，趕緊摘下帽子，伏在地上請罪。上官桀見霍光請罪，以為這是一個落井下石的好機會，想再添油加醋他說上幾句，藉機把霍光扳倒。

誰知，漢昭帝卻和顏悅色地對霍光說：「大將軍請戴上帽子，朕知道有人在陷害你，你沒有罪。」

霍光聽了又是高興又是奇怪，恭恭敬敬地給皇帝磕了頭，問道：「不知陛下何以知道臣是一片忠心？」

漢昭帝說：「大將軍檢閱御林軍的地點離京城不遠，調用校尉也是最近的事，一共不到十天工夫。燕王遠在千里之外，怎麼會這麼快就能得到消息？即使知道了，馬上派人來上書，也來不及趕到這裡。再者，如果大將軍真要謀反，也用不著調一個校尉。我看，寫這封信的人才是別有用心。」

霍光和其餘大臣聽了，都很佩服這位少年皇帝的機敏心思。

漢昭帝講完這番話，便嚴厲下令捉拿製造和進呈假信的人。上官桀雖然事先做了防範，但是昭帝追問得很緊，深怕事情敗露，於是就多次出面阻撓說：「區區小事，不必認真追究。」

漢昭帝不僅沒有聽從，反而對他起了疑心。

後來，漢昭帝發現了上官桀和燕王劉旦的政變陰謀，派霍光將他們一網打盡。上官桀父子及同謀大臣被殺，燕王劉旦等自殺，國家避免了一次內亂。

漢昭帝雖然年紀輕輕，卻能明辨忠奸、任用賢良，見機行事，不被一時的假象迷惑，他當政的那幾年，是西漢的「中興」時期。

做人靠手腕，做事靠手段

依據道德原則選擇「對」與「錯」，是相當容易的事。但是現實狀況常要求我們在既不是全「對」，也不是全「錯」的兩者之間做抉擇。

——普勒斯頓．湯利

以靜制動，別太衝動

在商業競爭中應用以靜制動、以逸待勞的思想，就是要選擇一個支點，站穩立場，不為他人所動，冷靜地實施自己的計劃。

想要在競爭日益激烈的商業社會中成爲優秀的勝利者，一定要懂得以靜制動的道理，做事不能太衝動。機遇尚未降臨的時候，要有不屈不撓的勇氣，並且運用這段經歷鑽研致勝之道。

聰明的人總是思想敏捷、反應迅速，而糊塗的人給人的感覺卻總是呆板木訥、反應遲鈍。這種對比，就如同拿剛猛凌厲、大開大闔的南拳與遲緩凝重、輕柔陳澀的太極拳相比一樣。

事實上，聰明有聰明的弊端，糊塗有糊塗的好處。

在商業競爭中應用以靜制動、以逸待勞的思想，就是要選擇一個支點，站穩立場，不爲他人所動，冷靜地實施自己的計劃。

第二次世界大戰後，隨著經濟的復甦，在法國，用機器製作的白麵包取代了戰時以馬鈴薯、大麥、蕎麥為原料製作的黑麵包。

但麵包商利翁內勒仍舊恪守祖訓，堅持用手磨麵粉，手工製作褐色麵包。

這種麵包無論在外觀上還是在口味上，都較白麵包大為遜色，他的經營理所當然地開始走下坡路。有人譏諷利翁內勒不識時務，也有人勸他買機器、更換原料、製作白麵包，以適應市場的需要。

然而，利翁內勒依然故我。他從長期製作麵包的經歷中知道，機器製作的麵包固然有其優越性，但手工製作的褐色麵包營養豐富，式樣多變，可以按照顧客的不同要求任意加工製作。

他認為，褐色面包不僅有存在的價值，而且還大有銷售潛力。

隨著社會經濟的不斷發展，人們的生活也發生了很大變化。在食物方面，肉類、奶類、蔬菜、水果不斷增加，麵包的用量逐漸減少，這時人們對千篇一律的機器製麵包漸漸失去了興趣，對手工製作的褐色麵包備加欣賞。

尤其是環境污染日益嚴重，「回歸大自然」形成一股新浪潮，給利翁內勒的生產注入了強大的活力。他的褐色麵包回應了消費者返璞歸真的期望和思古懷舊的情感，銷路因此大增。

利翁內勒為了擴大生產，也引進了生產麵包的成套機械設備，但他仍繼續沿用石磨麵粉、天然酵母、古老式樣的烤爐、傳統的生產工藝，甚至連包裝的容器仍舊是十六世紀的那種柳條筐子。他的麵包房彷彿是一座古老的博物館，這一切都收到了意想不到的效果。

一九六八年，有個法國人別出心裁，要訂購一套用麵包製作的家具，這對一貫用機器製作的麵包商來說是無能為力的。但是，利翁內勒正好利用祖傳的技術，承接這套麵包家具的製作。

他製成的麵包傢俱中有荷蘭式的書櫃、華麗的大床、舒適的沙發，還有精美的畫框、小巧的鳥籠，件件都是藝術傑作，一切全都是用麵包製成的。後來，那只關在鳥籠裡的翠鳥，因受不住麵包香味的誘惑，竟然將鳥籠啃穿，飛翔而去，更產生了極大的宣傳效果。

麵包家具在國外展出後，利翁內勒名聲大振，製作的褐色麵包成了一些國家元首和各類名人餐桌上的常客。

從此，利翁內勒被冠上「麵包大使」的美名。

在千變萬化的形勢之中，利翁內勒冷靜觀察周遭局勢，再從中找出一個變通之道，見機行事，而不是慌了手腳，胡亂隨眾人起舞，因此才造就了他日後的成功。

做人靠手腕，做事靠手段

蠢人的最大特徵是，他們常常相信，只要讓兩隻恐龍交配，同樣能夠生出一隻小羚羊。而且，這種蠢人在企業界特別多。

——湯姆．彼得斯

了解行為背後的真相

能夠戰勝身邊的小人，才能夠確保自身安全。如何與人相處，是擺在面前的首要課題。

在現實生活中，每個人總是無時無刻承受著來自各方面的威脅，這些絕大多數是隱性的，很難體察到的，而且多數來自於同僚。

有的同事對你的態度很親切，相處時總是有說有笑，你把他們當做自己最親近的人，把自己的所有情況，包括歡樂和悲傷，喜好和憎惡，甚至一些隱私都毫無保留地透露出來。

但是，這些人往往不會抱以眞心，反而是藉此了解你，而後洞悉弱點所在，以此作爲打垮你的利器，從而把你清除掉，達成眞正目的。

所有的一切都是一個圈套，直到被他們打得狼狽不堪、地位全無，一直沉浸在美好情誼之中的你才會如夢初醒，悔不當初。

圍繞在周圍的人有很多，都表現得非常友善，肝膽相照，並且信誓旦旦要和你合作，共同創造一片新天地。面對這種情況，你也許會無所適從，因爲無法確定哪一個是眞的，哪一個是假的。

事實上，如果你眞正地用心觀察體驗，眞假還是很容易鑑別出來：

一、對方在傾聽你訴說的時候是報以真誠的同情和感慨，還是目光閃爍，有時出現若有所思的樣子呢？如果是後者，那麼對方很可能是一個居心叵測的小人，必須小心提防。

二、仔細地回想一下，當你想結束自己傾訴的時候，他是不是很巧妙地利用一些隱蔽性極強的問題重新打開你的話匣子呢？更糟的是，你隨後所說的內容又恰恰是容易被別人利用的東西。

三、如果你偶然得知，有人總是在不經意之中向親近的人打聽一些有關於你的消息，那麼最好疏遠他們。

四、有些人的笑容並不是很自然，像是從臉皮上硬擠出來的。有時你覺得並沒有絲毫可笑的地方，對方卻能夠笑起來，這種人也要多加小心注意。

不要把心中的密告訴別人，如果有些事情覺得實在忍不住，不吐不快，那麼就儘量找一個自己親近的人訴說一番，比如父母、妻子，甚至孩子。這會緩解你心中的鬱結，減少情緒上的大起大落。

能夠戰勝身邊的小人，才能夠確保自身安全。

現代社會需要與人往來交流的時候越來越多，隨時都要面對各種人。如何與這些人相處，怎樣了解他們是何種性格的人，是擺在面前的首要課題。

例如，交換名片是彼此傳達身分的一種手段，但是有的人即使在非正式的場合中，也喜歡遞出名片，在小吃店偶然邂逅朋友、熟人，一定馬上拿出一張名片，甚至到酒吧喝酒時，都不忘給服務員一張名片。

爲什麼動不動就拿出自己的名片？因爲這些人在評價對方時，很容易受的工作、職位或學歷等外在條件左右，由於這種心理的投射作用，也喜歡在名片印上自己喜歡的、認爲別人會因而另眼相看的各式頭銜。

當他們拿出名片交給對方時，便判斷對方一定也會把自己捧得高高在上。但是，事實上，並不是所有的人用頭銜來判斷一個人，有時候，這種舉動反而更容易讓別人發現潛藏於心的自卑感。

有人喜歡向同事問東問西，詢問的內容不外乎是與自己有關的事情或人。這是因爲無法適應自己的工作環境，如果眞有心要適應的話，必須使自己的價值觀和生活方式與環境協調，才能徹底安心。

當然，他們有志成爲團體的一員，但只是有這種想法，卻無法付諸實行。在心有餘而力不足的情形下，理想和現實產生差距，從而造成了自卑感。只要一觸及這類較敏感的問題，他們就會感到強烈的不安。

有的人常喜歡毛遂自薦，即使明知根本無法勝任，也硬要推銷自己。有的人卻恰好相反，明明有個可以一展才華的機會，卻退縮遲疑。後者這種看似謙虛的美德，實際上是源於害怕暴露自己的弱點，因此非常矛盾。

行事認眞的人，也許辦事的速度不快，但不會敷衍了事、半途而廢，所以完成的工作定能博得他人信賴。

然而，有的人辦事不僅認眞，甚至還吹毛求疵，這就有點矯枉過正了。辦事過於認眞的人，從辦公室桌就可以看出，必定擺放得整齊規矩。

若有人在他不在時，順手借用他桌上的東西，即使過後再放回桌上，他也一眼就能看出曾被動過，會很不高興地表現出來。

這種行爲，除了令周圍的人神經緊張外，也讓自己苦惱。

這些人很清楚自己過於認眞的行爲並不合乎常理，問題是根本無法改變自己，如果中止了這些行爲，便會失去平衡。這種行爲，是心理學上典型的「強迫觀念」，有這種特徵的人，常給別人一種神經質的印象。

在任何團體中，總有一兩個八面玲瓏的人，雖然表現方式各有不同。

這類人的典型行爲，是能輕易地和陌生人打成一片，在同事聚會等活動中，往往是別人最常邀請的對象。對這點他們相當自豪，但很少想到，其實大多數的人只在無利害衝突的情形下，才會邀請自己。

造成此種行爲的原因，是這些人始終沒有確立自我。由於他們對自己的存在價值不明確，亦即尚未確立自我信念，因此容易接受他人的想法、價值觀，但也因此給人左右逢源的印象。

站在這個角度觀察，這些人明朗快活的笑容背後，隱藏著一份悲哀，他們的內心相當孤獨寂寞。

做人靠手腕，做事靠手段

自我懷疑，就像是聯合敵人來對付自己一樣，注定會失敗，因為自己就是第一個相信自己會失敗的人。

——大仲馬

握手的動作也可以判斷性格

握手除了禮節之外，還象徵了其他意義，只要有心，就能夠迅速掌握對方的性格，並且靈活應對。

握手，是現代社會中人與人交往一種普遍的禮節，雖然只是簡單的一握，但其中有很大的學問，可以反映出一個人的很多資訊與性格特徵。

握手時的力量很大，甚至讓對方有疼痛的感覺，這種人多是逞強而又自負的。但換個角度來看，這種握手的方式又說明了握手者的內心相當真誠熱情，性格也是坦率而又堅強的。

握手時顯得不甚積極主動，手臂呈彎曲狀態，並往自身貼近，這種人多是小心謹慎、封閉保守者。

握手時只是輕輕的一接觸，握得不緊也沒有力量，這種人多屬於內向型，時常感覺悲觀、情緒低落。

握手時顯得遲疑，對方先伸出手以後，還要猶豫一會兒，才慢慢地把手遞過去的人，性格多半內向，且缺少判斷力，不夠果斷。

不把握手當成表示友好的一種方式，只把它看成是例行的公事，表示此種人做事草率，缺乏足夠的誠意，不值得深交。

一個人握著另外一個人的手，經過很長的時間還沒有收回，有時是一種測驗支配力的方法。如果其中一個人先把手抽出、收回，說明沒有另外一個人有耐力。誰能堅持到最後，誰贏得勝算的把握就更大一些。

與人接觸時，雖然把對方的手握得很緊，但只握一下就馬上拿開，這樣的人在與人交往時能夠妥善地處理各種關係，與所有人都好像很友好。但這其實只是一種外表的假象，內心裡他們是非常多疑的，不會輕易相信任何一個人，即使別人非常眞誠友好，他們也會加倍地提防、小心。

在握手時非常緊張，掌心有些潮濕的人，表面看來似乎很冷淡、漠然，非常平靜，一副泰然自若的樣子，但內心卻非常的不平靜，只是懂得用各種方法，比如說語言、姿勢等來掩飾自己內心的不安，避免暴露缺點和弱點。

他們看起來一副非常堅強的樣子，在他人眼裡，就是一個強人，碰到危難當頭的時候，人們可能會因而視作救星，但實際上，他們自身也非常慌亂，甚至比別人還要嚴重。

握手時顯得沒有一點力氣，好像只是爲了應付一件不得不做的事情的人，大多時候並不是十分堅強，甚至很軟弱。

他們做事缺乏果斷能力，以及俐落的幹勁和魄力，總是顯得猶豫不決。內心希望自己能夠引起他人的注意，可是實際上，往往很快就被其他人忘記。

把別人的手推回去的人，大多都有較強的自我防禦心理，由於常常感到缺少安全感，所以時時刻刻都在做準備，在別人還沒有出擊但有這方面傾向之前，先給予有力的回擊，佔據主動位置。

他們不會輕易讓誰眞正了解自己，因爲如果被看透，會導致不安全感更加強烈。之所以這樣，說穿了是由於自卑心理在作怪；他們不會去接近別人，也不允許別人輕易接近自己。

像虎頭鉗一樣緊握著對方的手的人，絕大多數時候都顯得冷淡、漠然，有時甚至顯得殘酷。

他們希望自己能夠征服別人、控制別人，但會巧妙地隱藏內心的眞實想法，運用一些策略和技巧，在自然而然中達到目的。

用雙手和別人握手的人，大多是相當熱情的，有時甚至熱情過了頭，讓人覺得無法接受。

他們大多不習慣受到約束和限制，喜歡自由自在，按照自己的意願生活。他們有反傳統的叛逆性格，不太注重禮儀、社交等各方面的規矩，生性不拘小節，只要能說得過去就可以了。

這就是握手的有趣之處，除了禮節之外，還象徵了其他意義，只要有心，就能夠迅速掌握對方的性格，並且靈活應對。

做人靠手腕，做事靠手段

永遠不要解釋，你的朋友不需要解釋，至於你的敵人，不管你怎麼解釋，他也不會相信你。

——艾伯特·休巴德

07

為自己選擇，一個最好的跳板

就像古時候封建貴族們擁有自己領地和城池一樣，
你也應該為自己好好地挑選一個有利的戰鬥位置，
才能據此「攻城掠地」。

腳踏雙船最安全

如果你同時與兩位上司共事，而這兩位上司之間情若冰炭，勢同水火，你就不得不考慮「腳踏兩條船」的技術性問題。

想要在既現實又複雜的職場叢林活下去，有時候要學會「腳踏兩條船」的本領。說到「腳踏兩隻船」，很多人會皺著眉頭說，這豈不是騎牆派的做法嗎？跟用情不專的人有什麼兩樣？

其實，這是一種很大的誤解。

第一，職場不是情場，上司也不是你的愛人；腳踏兩條船只是適當地分散風險，而且在實際工作領域中，這是經常碰到的事。

第二，所謂的「腳踏兩條船」是指在晉升之途是窮凶極惡的，絕對不要逼自己一直走在鋼絲上，否則可能遭到不測。

法國的奧塞多維亞先生是世界上聲名赫赫的走鋼絲的專家，但是最後卻從橫跨兩座山之間的鋼絲上摔下，跌落山谷而亡。

奧塞多維亞曾於一九九七年走過固定在長江三峽兩岸的一根鋼絲，也走過無數次世界著名高樓大廈上的鋼絲，可是他最終還是粉身碎骨了。

在人生旅途中，千萬不要學奧塞多維亞那樣，爲了要展現藝高膽大，而一直將自己置於高度危險的環境。

我們不能死心塌地跟定一個上司。因爲，在很多時候，上司之間的關係極爲微妙，或者變幻莫測。

如果你同時與兩位上司共事，而這兩位上司之間情若冰炭，勢同水火，你就不得不考慮「腳踏兩條船」的技術性問題。

如果你不這樣未雨綢繆，而是選擇跟定其中某一人，一旦有什麼閃失，那麼另外一位就會藉機將箭頭瞄準你，置你於「死」地，而你效忠的對象則有可能將你當成「擋箭牌」，任憑你白白犧牲。

但是，想要腳踏兩隻船必須踏得巧、踏得妙，否則極容易落水溺斃。

你不能赤裸裸地表明這樣的態度——你們兩個之間的事，我根本就不想捲入，哪個我都不想得罪。

擺明這種態度的話，他們兩個可能都不會對你有好感。

他們或許會認爲你表面這樣說，實際上是和另一方暗中「勾結」，或許認爲你就像寓言故事裡的蝙蝠一樣，是個騎牆觀望的投機傢伙。

結果，你就眞變成了寓言裡的可憐的蝙蝠，兩邊都不要你，兩邊都不理睬你，有什麼機會或好處也輪不到你。

明智的辦法應該是，要儘量協調他們之間的矛盾，至少不要在他們中間搧風點火，擴大事態。

而且要經常和他們溝通，表示自己夾在中間處境十分爲難。

如果甲上司叫你去做某事，你明知乙上司會反對，那麼你就應該主動跟乙上司談談，告訴他這是甲上司的意思，與他研究應該怎麼辦，有沒有不妥之處。在這種情況下，乙上司就很容易理解你的苦衷，即使你照甲上司的意思去做了，他也不會因此而忌恨你。

如果乙上司堅決不同意甲上司的意見和做法，那麼，他也不會把這個問題推給你，他會直接找甲上司交涉。

你只有這樣「乖巧」一點，才不至於成爲雙方權力鬥爭的犧牲品，才有可能左右逢源，爲自己鋪起一條金光大道。

做人靠手腕，做事靠手段

如果你不是偷保險箱裡的錢時被當場捉住，或是公開毀謗老闆，那麼，你可以在許多公司裡找到謀生的工作。

——加里·莫哈爾

接近深具潛力的上司

與其刻意巴結討好現在正春風得意、紅得發紫的上司，倒不如退而求其次，用心去接近具備創大業、做大事潛力的上司。

想要讓自己在升遷的道路走得平穩順暢，最基本的原則還要眼睛放亮點，細心觀察你目前的上司有沒有必備的領袖性格或領導人特質，能夠使他從激烈的人事競爭中殺出層層重圍。

所謂「路遙知馬力，日久見人心」，強調的就是患難時期最容易見眞情，貧賤之交最難以讓人忘懷。

這層道理也可以運用在選擇追隨哪位上司。

如果你還年輕，有足夠的等待時間，那麼，就要懂得逆勢操作的奧妙，與其刻意巴結討好現在正春風得意、紅得發紫的上司，倒不如退而求其次，用心去接近現在並不走紅，甚至有些抑鬱不得志，但是具備創大業、做大事潛力的上司。

這是因爲，他現在地位不高，向上晉升的態勢還不明顯，沒有衆星拱月的優越感，願意與他接近的人並不多。

如果此時你誠心誠意追隨他，他就會對你產生感激之情，產生知遇的好感，知道你並不是那種追腥逐臭、趨炎附勢的泛泛之輩。

如果有一天他的運勢否極泰來，突然飛黃騰達了，你就極有可能是他安排人事佈局時第一個考慮到的人。

屆時，你無須多費唇舌，更無須汲汲營營鑽逢，很快就會吉星高照，獲得上司提拔重用，還會跟他在以後的共事中更加親密無間。

儘管，此時他必然終日被那些忙著交心、獻媚的下屬和同僚纏得脫不了身，但是，你仍然可以「不戰而屈人之兵」，靠著先前的運籌帷幄而「決勝千里之外」，戰勝那些臨時「抱佛腳」的人。

當然，那些急功近利、趨炎附勢、過於市儈的人，眼光不會看得那麼長遠，也很難做到這一點。

正因爲如此，你更必須具備高瞻遠矚的做人做事智慧，讓自己站得高一些，看得遠一些，那麼，成就也會超越別人。

做人靠手腕，做事靠手段

假話是社會生活中不可缺少的，因為，把自己的一切都暴露無疑的人，其人際關係，勢必置於險境。

——宮城音彌

設法讓同事對你又敬又畏

唯有讓你週遭的同事對你又敬又畏，你才能順利指揮他們，把他們當成向上躍昇的跳板。

一位長相清秀的年輕女警官到一個人才濟濟的警察局擔任督察，男警員們見了她，都面露鄙夷不屑的表情，而且有意無意地在言行之間吃她「豆腐」。

這位女警官初到陌生的警局，面對這些喜歡「指油」的小人只能忍氣吞聲，不過，她很快就利用機會扳回劣勢。在一次射擊訓練中，她掌握契機展露精準的槍法，把那些男性同事們都「鎮」住了。

射擊訓練中，每個人依序各擊十個飄浮氣球，男性警官中成績最好的一位才擊中五個，有的甚至一槍未中。

輪到這位女警官射擊時，她泰然自若地從腰間拔槍，「叭，叭，叭……」連發十槍，槍槍命中，頓時全場鴉雀無聲，只有氣球的碎片在眾人的面前飛舞。

這種景象正是「此時無聲勝有聲」。從此以後，大家都對她敬畏有加，不敢再表現出輕薄造次的行徑。

很多人認爲，當一個上班族或領導者只要有修養和內涵，就可以不注重如何表現自己的才能。也有的人認爲，只要踏踏實實地做事，老老實實做好自己的分內工作就夠了。

殊不知，這種厚道的想法只會使別人將你看成無能的人。

心理學家告訴我們，在很多時候，位居領導地位的人，威信往往是經由「旁門左道」而樹立起來的。

一個人初來乍到某個態勢不明的新地方，往往就是樹立自己威信，讓小人服服貼貼的最關鍵時刻。

如果你能像故事中的女警官，適時露出幾手自己拿手的絕活，別人對你的觀感和態度就會立即改變，很多難題也會迎刃而解。

記住，唯有讓你週遭的同事對你又敬又畏，你才能順利指揮、利用他們，把他們當成向上躍昇的跳板。

做人靠手腕，做事靠手段

當人們相信你之後，你說的事實才會成為事實，但如果他們不知道你在說什麼，他們就無法相信你。

——威廉·伯恩巴克

踩著同事的肩膀往上爬

你能不能踏著同事的肩膀順利往上爬，全看你是否平常就牢牢掌握了同事的心，這會影響到他們願不願意在關鍵時刻支援你。

科學家牛頓曾經說：「如果我比笛卡爾看得遠，那是因為我站在巨人的肩膀上的緣故。」在一家公司或一個團體裡工作，想要順利獲得晉升，你也必須站在同事的肩膀上。

首先要瞭解自己目前所處的地位，還要處理好上司、部屬與同事這三者之間的人際關係，並想辦法牢牢掌握部屬和上司的心。最重要的是，你一定要摸清楚同事們的工作狀況和生活情形，瞭解他們的興趣和願望，和他們保持和諧的關係，才能借力使力，讓自己順著這條渠道，比他們更快獲得陞遷。

在公司部門裡，特別是在晉升機會較少的部門，每當有職位出缺，就有許多競爭者為了晉升而勾心鬥角，擠得頭破血流，從來不會靜下心來思考如何利用同事，幫助自己達成夢想。

在職場工作，維持生活開銷和獲得成功的感覺，是上班族最終，也是最大的目的。因此，在不違背自己價值觀念、不使用權謀詐術的原則下，只要你能牢牢掌握同事的心，想要達成自己的目的，絕非困難之事。

如果你平時就能對同事表現寬大的胸懷，設法去瞭解他們的心思，盡力幫助他們達成目標，那麼，這些同事就會變成你最佳的墊腳石，升遷的時機一到，你就能捷足先登，踩著他們的肩膀往上往上跳，比其他人爬得更高更快。

在等待升遷的時候，為了要讓這種可能性更加篤定，平常你就必須讓週遭的同事公認你有資格成為他們的新上司。再說，要讓他們日後心甘情願為你效勞，也必須使他們對你的為人處事心服口服才行。

一般而言，人事單位在考慮是否由你晉升之前，會先徵詢其他同事的意見：「你們認爲他適當嗎？」同事們所表達的意見，或許不會直接左右人事單位的決定，但還是會被列入人事審核的重要參酌資料。

假使人事單位所得到的答案是：「要我在他手下做事，門都沒有！」那麼，即使你最後還是晉升了，將來也無法順利地管理你的部屬。

你能不能踏著同事的肩膀順利往上爬，全看你是否平常就牢牢掌握了同事的心，這會影響到他們願不願意在關鍵時刻支援你，至少不要扯你的後腿。因此，想要出人頭地的上班族，平常就要努力做好同事之間的人際關係，千萬不可疏忽。

做人靠手腕，做事靠手段

我們可以知道一個簡單的道理，那些膽敢在貓的耳朵產子的老鼠，一定詭計多端的鼠輩。

——約．海伍德

為自己選擇一個最好的跳板

就像古時候封建貴族們擁有自己領地和城池一樣，你也應該為自己好好地挑選一個有利的戰鬥位置，才能據此「攻城掠地」。

如果你擁有比別人更加出色的才幹，常常協助別人解決難題，而且在公司擁有和諧的人際關係，你就掌握了許多可供使用的籌碼，一旦你需要幫助的時候，隨時都可以轉換成助力。

只要你不輕易浪費籌碼，久而久之，這些籌碼就會累積成一大筆無形的財產，爲自己鋪設一條平步青雲的晉升之路。

當你擁有了別人所欠缺的助力，接著就可以根據自己的專長，擬定日後的升遷目標，想辦法讓自己躋身最有利的位置。

你不妨思索：「在公司裡，最有利的職位是什麼？最不利的職位又是什麼？我要朝哪個方向前進，才能快速躋身權力中樞？」

你必須先確認自己擁有什麼樣的專長與希望獲得哪個重要的職位，然後把這個職位當成自己的跳板。

就像古時候封建貴族們擁有自己領地和城池一樣，你也應該爲自己好好地挑選一個有利的戰鬥位置，才能據此「攻城掠地」。

也許你會問：「難道別人就不會運用手腕嗎？」

不錯，很多人都同樣處心積慮地在圖謀籌劃自己的未來，想要爬到最有利的地位，握有最大的實權。

但是，你不必擔心也不用介意，因爲，整天漫無目的地過日子，毫無奮鬥目標的仍然大有人在。

有些人外表像老虎般威武勇猛，似乎行事相當敏捷、果斷，實際上卻是唯唯諾諾的好好先生，軟弱得近於羔羊。

這樣的競爭對手根本不堪一擊。

有的人雖然頭腦聰明，足以成爲你競爭上的勁敵，但是，這些人往往恃才傲物，缺乏耐心、毅力。

因此，這樣的人根本也成不了氣候，你只要能善用做人做事的巧妙手腕，成功最後必然屬於你。

做人靠手腕，做事靠手段

有許多真話，需要有人去講，可是始終沒人敢講；有許多真相，需要有人去揭露，卻始終沒人敢去揭露。

——塞繆爾．巴特勒

小心成為被封殺的對象

一旦你攻擊他人的痛處，修養好的人雖不至於當場發作，但心中的疙瘩和怨恨往往難以抹平，你就會變成被「封殺」的對象。

一個人若想和上司、同事間建立良好的人際關係，一定要記住：保持適當距離，做事公私分明，尤其要注意不要踩到別人的痛處。

被擊中痛處，對任何人來說都是件不愉快的事。因此，不管在什麼情況下，千萬都不要去碰觸別人的痛處，這點不但是待人處事應有的禮儀，更是在職場叢林中左右逢源的關鍵。

有修養的人即使在盛怒之下，也不會擴散憤怒的波紋，但是涵養不夠的人，被激怒了，往往就會面露兇貌、口出惡言，甚至隨手拿起手邊的東西往地上摔。

某些沒有修養的人暴跳如雷的時候，還會口不擇言，用侮辱性的語言攻擊別人最敏感的隱私。

一旦你攻擊他人的痛處，修養好的人雖不至於當場發作，與你破口對罵，但心中的疙瘩和怨恨往往難以抹平，如果不幸他是你的上司或客戶的話，你就會變成被「封殺」的對象。

在公司裡，「封殺」意味著調職、冷凍、開除。

如果你是公司負責人，那麼，所謂的「封殺」就代表著對方拒絕繼續與你往來，或是「凍結關係」。

中國古代有所謂「逆鱗」的說法，強調即使面對再溫馴的蛟龍，也不可掉以輕心，肆意地欺弄牠。

傳說中，龍的咽喉下方約一尺的部位，長著幾片「逆鱗」，全身只有這個部位是逆向生長的，萬一不小心觸摸到這些逆鱗，必定會被暴怒的龍吞噬。

至於其他部位任，不論你如何撫摸或敲打都沒關係，只有這幾片逆鱗，無論如何也觸摸不得，即使輕輕摸一下也犯了大忌。

其實，每個人身上也都有幾片「逆鱗」存在，即使是人格高尚偉大的人也不例外，只是彼此的位置不一樣罷了。

惟有小心觀察，不觸及對方的「逆鱗」，也就是我們所說的「痛處」，才能保持圓融的人際關係。

做人靠手腕，做事靠手段

無形的東西：信心和態度，才是成功的決定性因素，因此，你必須先學會控制這些東西。

——赫伯·凱萊爾

別帶著有色眼鏡看人性

人性其實很簡單，你付出什麼，就會得到什麼。將「人性」複雜化，或貼上負面標籤，只會讓你得出負面的分析結果。

有許多身居高位的大人物，會細心記住一些小職員或只見過一兩次面的下屬的名字，在電梯或門口碰到時，從容叫出他們的名字。如果你也肯下這樣的功夫，一定會讓下屬受寵若驚。

人非草木，孰能無情。大部分人都講究人情味，喜歡「將心比心」，因此，你想要別人怎樣對待你自己，你自己就得先怎樣對待別人。這也就是「同理心」或「易位思考」，即設身處地爲別人著想。

在經營自己的辦公室人際網路時，千萬要記得只有先付出誠摯的真情，才會獲得投桃報李的回應。

日本著名的企業家松下幸之助就是一個相當注重感情投資的人。他曾說過：「最失敗的領導人，就是那種員工一看到你，就像魚一樣逃開的領導。」

創業早期，松下幸之助每次看見辛勤工作的員工，都會親身送上一杯自己泡的茶，充滿感激地對他說：「太感謝你了，你辛苦了，請喝杯茶水吧！」

正因爲松下幸之助不忘記表達對下屬的感激和關懷，因而獲得了員工們一致擁戴，每個人都心甘情願地爲他效力，設身處地爲他著想。

人性其實很簡單，你付出什麼，就會得到什麼。將「人性」複雜化，或貼上負面標籤，或者戴著有色的眼鏡去看「人性」，只會讓你得出負面的分析結果，替自己的工作和生活帶來一些不良影響。

不管現今的社會如何現實，有時候，誠懇親切地對待同事或下屬，仍然可以輕而易舉地解決你長期以來都感到棘手的問題。

譬如，你以命令的語氣要員工去做某件分外的事情，他或許會找各種理由推託，或者婉轉地要你找別人做，甚至「大義凜然」地以這不是自己分內工作而拒絕，讓你當場難堪不已。但是，如果你誠懇地說一聲：「請你幫個忙，好嗎？」問題就有可能迎刃而解。

誠懇親切的態度會傳達出人類與生俱來的，或許是潛意識裡面的認同感。因爲，那是一種彼此珍視的共鳴，或者說，那是對「人性」——人不同於其他物種的特性的一種呼喚。

做人靠手腕，做事靠手段

求職的時候，面對老闆，你必須去刺激他、說服他，而且要吹噓一番，不然，你就沒機會了，相信我。

——吉伯特

利用「共通點」拉近彼此的距離

只要找到正確的切入點，就算是完全陌生的兩個人，也會因為這個小小的共通點而更加親近，獲得支援。

有位名叫哥德思的年輕人，創辦了一份婦女雜誌，但是，只要是稍有名氣的作家，都不願意幫這本小雜誌撰寫文章。

其中，有位著名的作家，亞爾考德女士，她的作品在當時非常受到歡迎。

但是，不久之後，這位女作家卻和哥德思成了莫逆之交。

很多人都問哥德思，究竟是用什麼方法爭取到亞爾考德女士的支持？

原來，哥德思經過調查後得知，這位女作家非常熱心於慈善事業，於是他就從參與慈善事裡著手，慢慢地與她建立交情。

不久，哥德思邀她寫文章，為表示誠意，還以一百美元捐贈換取一篇文章，以贊助她的慈善事業。

其實，哥德思只是把稿費的名稱換了一下，但這個贊助慈善工作的名義，不僅讓亞爾考德女士感到十分親切，也慢慢對哥德思和他的雜誌產生了好感。

哥德思的雜誌因為有了亞爾考德女士的支持，終於漸漸地打出了知名度。

另外，紐約有位頗負盛名的編輯，名叫肯敏思，也因為懂得運用彼此的「共同點」而獲得自己想要的工作。

在十八歲那年，他來到了紐約，希望在這裡找到他夢想中的編輯工作。但是，想在這個競爭激烈的大都市裡找到一份工作，其實並不是件容易的事。

在履歷上，肯敏思唯一的專長，便是印刷廠裡的排字工作。

不過，他知道《紐約新聞》的現任老闆格里萊，小時候也和自己一樣有著相同的經歷，因此他自信地料定，格里萊會因為這一點而錄用他的。

沒想到，真的被肯敏思料中，他果然被錄取了。

格里萊從肯敏思的身上看到了過去的自己，使他對肯敏思產生了同情，甚至有了扶持相助的心理，當然，這正是肯敏思希望得到的。

人與人之間要拉近距離，眞的需要花點心思，不管是從相同的學經歷來親近，還是以投其所好的方式拉近距離，在人際關係的經營上，本來就需要花費許多心思，才能從中獲得更多的協助和機會。

只要找到正確的切入點，就算是完全陌生的兩個人，也會因爲這個小小的共通點而更加親近，獲得支援。

做人靠手腕，做事靠手段

不懂得動腦的人，就好像在下雨的夜晚，開著沒有雨刷的車在高速公路上行駛一樣，隨時可能遭遇不測。

——亞歷山大．希亞姆

面對競爭，先找出致勝的捷徑

有點奸詐不犯法

三國智謀篇

Facing competition,
find out the shortest way to success

莎士比亞曾經如此說道：

才華智慧如不用於有用的地方，
便和庸碌平凡毫無差別。

造物者是個精於計算的女神，她把給予世人的每一份才智，
都要受賜的人感恩，善加利用。
面對人生的各項競爭，是否靈活多變，能不能適時發揮聰明才智，
往往是決定勝負的關鍵。多花點心思，才能為自己開闢更寬闊的出路。
要是一味死守教條，瞻前顧後在乎別人的看法，
只會淪為腦袋不懂得轉彎的蠢蛋，永遠也成就不了大事。
想在人生戰場中獲得勝利，一定要活用智慧，
還要設法把眼前的阻力變成自己的助力，
把障礙變成躍向成功的機會。

公孫龍策——編著

做人靠手腕，做事靠手段

作　　者　陶　然
社　　長　陳維都
藝術總監　黃聖文
編輯總監　王郡凌
出 版 者　普天出版家族有限公司
新北市汐止區忠二街 6 巷 15 號
TEL / (02)26435033（代表號）
FAX / (02) 26486465
E-mail：asia.books@msa.hinet.net
http://www.popu.com.tw/
郵政劃撥 19091443 陳維都帳戶
總 經 銷　旭昇圖書有限公司
新北市中和區中山路二段 352 號 2F
TEL / (02) 22451480（代表號）
FAX / (02) 22451479
E-mail：s1686688@ms31.hinet.net
法律顧問　西華律師事務所・黃憲男律師
電腦排版　巨新電腦排版有限公司
印製裝訂　久裕印刷事業有限公司
出 版 日　2024 年 4 月第 2 版第 1 刷
ISBN◉978-986-389-917-4　　條碼 9789863899174

國家圖書館出版品預行編目資料

做人靠手腕，做事靠手段／
陶然著.—第 2 版.—：新北市,普天出版
2024.4 面；公分. -（溝通大師；62）
ISBN◉978-986-389-917-4（平裝）

溝通大師

62

普 天 之 下 · 盡 是 好 書

普天 出版家族 Popular Press Family

凌雲 A Plus Creative Company 文創